SDGs時代のESDと社会的レジリエンス研究叢書 ④

森 朋子・松浦 正浩・田崎 智宏 編著

サステナビリティ・トランジションと人づくり
人と社会の連環がもたらす持続可能な社会

筑波書房

はじめに

　我々は今、あらゆることの先行きが不透明で、将来の見通しが立ちにくいVUCAの時代（不安定：Volatility、不確実：Uncertainty、複雑：Complexity、曖昧Ambiguity）に生きている。2019年から始まった新型コロナウイルス感染症による世界的なパンデミックは、まさにVUCAの時代を象徴するような出来事であるといえよう。こうした予測不可能な時代であるからこそ、我々はより賢く、しかし謙虚に、互いに連帯をもって持続可能な社会を築いていくことが求められている。持続可能な社会を実現するために、我々が解決しなければならない社会課題は山積みである。なかでも、地球環境をめぐる問題は深刻だ。気候変動や生物多様性の損失といった地球規模の問題に対して、様々な努力が積み重ねられてきたにもかかわらず、いまだ解決にはほど遠い状況である。なぜだろうか。それは、環境問題がもはや環境だけの問題ではなく、社会、経済、文化をも含めた複合的な問題になってきていることや、環境問題の及ぼす影響のスケールが時間的にも空間的にも大きくなっていること等が主な原因であり、優秀な政策や新技術を導入するだけでは解決できない形相を呈してきているからである。しかし、我々に残された時間はそれほど多くはない。プラネタリー・バウンダリーと呼ばれる地球環境問題の進行状況を分析している研究者からは、すでにいくつかの領域で我々人類が地球環境の限界を超えてしまっていることが指摘されている。人類が地球環境を完全に破壊してしまう前に、我々の社会や生活を根本から持続可能なものに創りかえることが今求められているのである。

　こうした持続可能な社会への変革や転換は「サステナビリティ・トランジション（Sustainability Transition）」と呼ばれ、近年、様々な研究者や政策決定者がその重要性を指摘している。従来の社会システムを前提とし、その延長線上で取り組むのではなく、達成すべき将来ビジョンを見据えて、いかに今の社会システムそのものを持続可能なものへと「変革する」かが問われ

ているのだ。例えば、最近特に認知度が高まっている国連の持続可能な開発目標（SDGs：Sustainable Development Goals）の合意文書のタイトルには、「我々の世界を変革する（Transforming our world）」という言葉が使われている。さらに、2019年に発表されたOECDによるEducation 2030プロジェクトのポジションペーパーにおいても、個人と社会の両方のウェルビーイングを実現するために、「変革をもたらすコンピテンシー（Transformative Competencies）」を育成することが提案されている。国連によるSDGsの検討と、OECDによるEducation 2030プロジェクトの議論は、まったく別の枠組みで行われたものだが、結果的にどちらも今の社会システムを「変革」することによって将来の危機を乗り越えていかなければならない、という結論に達している。つまり、いまや政治、経済、教育、環境といった様々な分野のエキスパートたちが、持続可能な社会に向けた「変革（トランジション）」の必要性を訴えているのである。

　規模や分野の違いはあれど、これまでの人類の歴史の中では様々なトランジションが起きてきた。近代社会の成り立ちを振り返ると、例えば、木材から化石燃料へのエネルギー源のトランジション、徒歩や馬車から自動車に代わった移動手段のトランジション、家父長的家族から核家族へのトランジションなどを挙げることができる。こうした事例をみると、新たな科学技術や法政策の導入、自然環境がもたらす制限、人々の価値観の変化など、トランジションを牽引した要因は様々である。持続可能な社会の実現に向けたサステナビリティ・トランジションの場合、特に環境問題について考えるとき、これまでのトランジション事例と大きく異なるのは、達成までのタイムリミットがあるということだろう。気候変動対策や生物多様性保全など、早急に対処しなければ後から挽回することが難しい問題については、新しい技術が確立するまで、あるいは人々の価値観や生活スタイルが自然に変化するまで、のんびり待っているというわけにはいかない。もうひとつの特徴は、対象が幅広いために、取り組まなければならない範囲がひとつの分野だけに収まらず、多数の分野にまたがって、多様な関係者が協働しなければならない

という点だろう。したがって、サステナビリティ・トランジションを実現するためには、これまで我々が経験したどんなトランジションよりも、いっそう戦略的かつ効果的に促進しなければならないのである。

では、今の日本の状況はどうだろうか。日本はこれまで、政策の整備や新技術の開発・導入に熱心に取り組み、公害をはじめとする様々な汚染問題を乗り越えてきた。こうした「改善型」のアプローチは比較的得意だが、再生可能エネルギーの普及の遅れや、進まないプラスチック使用量の削減などを見ていると、現在求められている「システムそのものの変革」はあまり得意ではないと感じる。先進的な取り組みを実践し、社会に変革をもたらす人材の育成についてはどうだろうか。2009年に㈶一ツ橋文芸教育振興協会と㈶日本青少年研究所が実施した中高生を対象とする国際比較調査では、「自分が参加することで社会を変えられるか」という問に対し、否定的な回答をした日本の若者の割合が他国の結果よりも大幅に高く、多くの教育関係者に衝撃を与えた。その調査からはすでに10年以上が経つが、日本の若者の低い自己肯定感と無力感は、依然として大きな課題である。また、コミュニティの同調圧力が強く、環境問題や社会問題に真剣に取り組むことは、ややもすると「意識高い系だ」という嘲笑を招くことさえある。持続可能な社会に向けた変革に積極的な人が輩出されやすい社会であるとは、お世辞にもいえない状況だろう。

何が社会のトランジションを牽引するのであれ、トランジション成功の可否は、そこに関わる人々がどうふるまうか、トランジションの基となる先進的な取り組みを社会がどこまで受け止め、育てていけるかにかかっている。本書は、サステナビリティ・トランジションを実現するために欠かせない「人づくり」に焦点をあてている。これはサステナビリティ・トランジションを実現するためには、トランジションに資する取り組みに積極的に関わる人を1人でも多く創出することや、先進的な取り組みを多様な手段でサポートできる人の層を厚くすることが重要だという考えからである。さらに、こうし

た人材を地域や社会との関わりの中で育成することによって、トランジションに積極的な個人への変容だけでなく、先進的な取り組みに前向きな社会への変容も促したいと考えている。そこで本書では、これまでの実践や研究成果をもとに、人と社会が相互に作用しながらトランジションに積極的な人を創出するための要件や手法を論じた。【第1章】では、環境問題に対するこれまでの解決アプローチと限界を解説したうえで、特にトランジションが求められている気候変動対策、持続可能な消費と生産、都市づくりの3つの分野について、各問題の概要と求められているトランジションの方向性を論じた。【第2章】では、トランジションが必要とされる社会的背景や、サステナビリティ・トランジションの基本的な考え方を解説するとともに、トランジション・マネジメントの一般的手順について説明した。【第3章】では、環境問題や持続可能な社会の実現に必要な能力について、これまで提唱されてきた理論を概説するとともに、トランジションに関わる「人」やトランジションの「プロセス」ごとに、特に重要だと思われる能力について論じた。【第4章】では、日本国内の地域づくりにおけるトランジションの事例として、徳島県上勝町と福島県南相馬市の取り組みを紹介し、トランジションにおける「人」の役割について論じた。【第5章】では、これまで実施してきた調査研究の成果をもとに、トランジションを牽引するフロントランナーや、トランジションを後押しするフォロワーの具体的な人物像や、アクションの実践に至るまでのプロセスを考察した。【第6章】では、サステナビリティ・トランジションに積極的な人をどのように創出するのかについて、人と人、人と社会の相互作用を基礎としながら、人づくりの要件を論じるとともに、先進的な取り組みを紹介した。

　すでに多くの専門家や有識者が指摘しているとおり、持続可能な社会に向けたトランジションが必要であることは間違いない。しかし、我々に残された時間のなかでそれをどのように達成するのかについては、模索が続いている。とりわけ本書が扱っている「人づくり」は、トランジションを成功させ

る重要な要素のひとつであるにもかかわらず、トランジションの中で人がどんな役割を担うのか、どんな人がトランジションに貢献できるのか、またそうした人をどのように育てるのか等、十分に検討されていない点が数多く残されている。サステナビリティ・トランジションの実現に向けた人づくりと、そのための社会変容について、今後いっそう議論が活発化することに本書が貢献できれば幸いである。

編著者を代表して

森　朋子

目　次

第1章

持続可能な社会に向けてどのようなトランジションが必要なのか?

田崎 智宏・江守 正多・松橋 啓介

第1節　はじめに

　地球温暖化の加速による気候変動問題の深刻化（IPCC 2018）、種の絶滅や生態系の破壊（Secretariat of the Convention on Biological Diversity 2020）、資源利用の増大とそれがもたらす環境影響の増大（国際資源パネル 2019, Elhacham et al. 2020）は、地球環境という人類の生存基盤をこれまで以上に脅かしており、プラネタリー・バウンダリー（→p.29のコラムを参照）と呼ばれる地球環境の限界を超えている（Steffen et al. 2015）。これまでに人類は、環境汚染などの地域的な問題は解決してきた一方、地球規模の環境問題はいまだに解決できていない。問題の原因と影響に空間的及び時間的な広がりを持つ環境問題は、異なる意図を持つアクターが複雑に関係し、かつ現在の社会システムの中に深く根ざしているため、解決が困難であるためである。

　このような「根深い」問題（Persistent Problems）とも呼ばれる問題を解決するためには、既存の社会システムを前提としたこれまでの取り組みには限界があり、社会システムそのもの持続可能な形態に変革・転換すること（以下、「トランジション」[1]という。）の重要性が指摘されている。言い換

Key Word: 環境政策、トランジションの方向性、気候危機、持続可能な消費と生産、都市づくり

1

えれば、人間活動がもたらす症状として顕在化している環境問題を解決するという対処療法的なアプローチではなく、社会と経済のシステムをひっくるめて、根本治療を行おうというものである。2015年9月に国連総会で合意された持続可能な開発目標（SDGs）においても、環境問題だけでなく、経済問題、社会問題についても目標を設定して取り組むこととされ、社会を変革することが明確に掲げられている[2]（→p.30のコラムを参照）。

　本章では、環境問題に対するこれまでの解決アプローチとそれらの限界を概説したうえで、特にトランジションが求められている気候変動対策、持続可能な消費と生産、都市づくりの3つの分野について、各問題の概要とともに、求められているトランジションの方向性を示す。

第2節　環境問題に対するこれまでの取り組みと限界

2.1　環境問題と対策の変遷

　まず、環境問題とその対策がどのように変遷してきたかを説明する。丁寧に説明するので、要点だけを理解したい場合は、2.2節から読んでいただいて構わない。

　日本における環境問題といえば、まずは公害問題である。1960年代に高度成長期の負の側面として環境汚染が深刻化し、現在の環境政策の基盤をなす公害対策が1970年代に講じられていった。第二次世界大戦以前にも公害問題は存在していたが、主には鉱工業の発達に伴う汚水・排ガスを原因とするもので主に農林水産業が被害を受けた。1960年代以降の公害は、そのような被害も生じさせてはいたが、一般住民を被害者とする点、より大規模な事業活動によって多くの死者や重症患者を出した点に特徴がある（宮本 2014）。深刻な被害を受け、1970年の臨時国会（「公害国会」と呼ばれる。）では、公害対策基本法改正案をはじめとする公害関係14法が成立した。公害は、事業活動その他の人の活動にともなって生ずる相当範囲にわたる大気の汚染、水質の汚濁、騒音、振動、地盤の沈下及び悪臭（これらは典型七公害と呼ばれる。）

によって人の健康又は生活環境に係る被害が生ずることと定義され、日本全国で規制強化が行われていった。加害者－被害者という問題構造における被害者を救済するための制度化が行われる一方、排出物による汚染を防止するための排水や排ガス中の有害物質等の排出濃度を規制する直接規制が導入・強化され、環境汚染を引き起こす工場等のプロセス（工程）の改善が進められた。生産工程そのものではなく、生産工程の末端で対策を講じることから「エンド・オブ・パイプ」型の対策と呼ばれ、短期間のうちに対策が進んでいった。排出規制は、人の健康の保護及び生活環境の保全のうえで維持されることが望ましい基準として設定された環境基準をもとに定められており、環境基準という目標が設定されたということは環境政策上、極めて重要な意味を持つ。直接規制と併行して排水処理や排ガス処理の設備を設置するための補助金が提供されたことが誘導的な政策として機能し、いわばアメとムチによる政策で、環境汚染の軽減と被害の未然防止が進められていった。環境汚染を防除する費用は汚染者が支払うべきとする汚染者負担原則（PPP：Polluter Pays Principle）の考え方が国際的にも確立されていく。公害による環境汚染が局地的なことから、基準遵守の指導権限はほぼ全面的に地方自治体に委譲され、上乗せ規制の規定を明確化して地方自治体の権限が強化された。

　しかしながら、これらの対策アプローチで全ての種類の環境汚染に対応ができたわけではなかった。第一に、不特定多数の者による日常生活や通常の事業活動がもたらす環境汚染は問題が長期化した。一般の市民も含め、多くの人々が加害者となるようなケースであり、典型例が自動車排ガスである。とりわけ、経済の高度成長に伴って物流が増大し、幹線道路付近では大気汚染が深刻化した。これに無計画な土地利用が加わり、幹線道路と居住地区との分離が実現しなかった地域においては一層深刻な住民の健康被害をもたらした。これにより、工程の改善、すなわちプロセスのグリーン化ではなく、製品（プロダクト）のグリーン化を進める政策アプローチ、環境製品政策が登場することとなった。まずは、製品の利用段階が着目され、自動車排ガス

装置の設置、スパイクタイヤの利用禁止などの対策が行われた。

　製品のグリーン化はさらに発展し、1990年代以降には、処理あるいはリサイクルが困難な製品に対する政策がとられ、製品の廃棄段階への対策も進められるようになった。「生産者の製品に対する物理的及び又は金銭的な責任を製品ライフサイクルの消費後の段階まで拡大する環境政策アプローチ」は拡大生産者責任（EPR：Extended Producer Responsibility）と呼ばれ（OECD 2001, 2016）、国際的にも確立した考えとなっていった（EPR等の責任論ならびに環境製品政策の展開については田崎（2017）を参照）。このような製品に着目してそのグリーン化を進める方向性の製品設計は「エコデザイン」や「環境配慮設計（Design for Environment、略してDfE）」などと呼ばれ、製品開発の全ての段階で環境を配慮し、製品のライフサイクルを通じての環境影響を最小限におさえるような製品づくりに努める国際的な動きとなっていく（国連環境計画 2001）。グリーン化された製品は、環境配慮製品やエコプロダクト、グリーンプロダクトなどと様々な呼び方がされる。製品やサービスなどの生産から廃棄までのライフサイクル全てに配慮するアプローチは「ライフサイクル・アプローチ」と呼ばれ、製品に限らず、サービスやインフラや都市などの様々な対象がとりあげられるようになっていった。

　第二に、汚染物の濃度コントロールでは、量的な問題への対策に限界が生じた。プロセス（工程）をグリーン化しても、集積する環境問題には対応が不十分となった。このため、公害対策の時代においても、汚染源ごとの排出規制では環境基準の確保が困難である場合には、地域全体の排出総量を削減する、いわゆる総量規制が講じられた。これまでに大気汚染と水質汚濁の防止を図るための総量規制が一部の地域と特定の有害物質に限って導入された（大気汚染は1960年代後半、水質汚濁は1970年代後半にそれぞれ導入された）。また、微量であっても蓄積性・残留性を有する有害物質は人の健康や生物への悪影響などを引き起こすため、規制対象物質や保護の対象の拡大、想定する曝露経路の精緻化などの政策上の考え方が進化しながら対策が講じられていった（詳しくは、田崎ら（2012）を参照）。

　また、1990年代には汚染物の量が膨大になり、汚染物の発生そのものを減らすような人間活動形態の見直しが求められるようになった。対症療法から根本療法（原因療法）への転換である。典型的には廃棄物問題でこのような転換が行われ、1991年の廃棄物処理法の改正において、これまでは発生した廃棄物を事後的に適正処理することを法の目的としていたものが、廃棄物の排出抑制ならびに分別と再生、すなわちリデュースとリサイクルが加わる変更が行われた（リユース（再使用）は明示されていないが、リユースを通じて排出抑制を行うという意味において、リユースも含意されていると理解できる）。つまり、廃棄物を排出させない生活様式や事業活動への転換が求められた。同時併行して、1990年代には、汚染そのものの発生をなくす製造工程の方が望ましいとの認識に立つ「クリーナー・プロダクション」の概念が世界的に広まった。これは、生産工程に重点をおき、原材料やエネルギーの削減、有害物質の使用回避などを行うものである。プロセス（工程）に着目する点は公害対策と同じであるが、エンド・オブ・パイプ型ではないアプローチとなっており、プロセスそのもののイノベーションが不可欠となる対策アプローチである。別の見方をすれば、環境保全と経済発展の両立を図る積極的なアプローチともいえる。省エネや省資源、低環境負荷といった表現に示されるように、より環境負荷の小さい、すなわち環境効率性の高いプロセスや製品、サービスが求められるようになった。クリーナー・プロダクションを指向する環境対策は、より究極的な方向を目指す「ゼロエミッション」という考えにも展開する。これは1994年に国連大学が提唱した考え方で、「人間の活動から発生する排出物を限りなくゼロにすることを目指しながら最大限の資源活用を図り、持続可能な経済活動や生産活動を展開する理念と手法」である。相対的な環境負荷を削減するという環境効率性のアプローチから脱却し、絶対的な環境負荷の削減を目指すことを含意している。

　第三は、地球環境問題の顕在化により、一国による対策の限界が生じた。人類の環境負荷量が地球の環境容量を超えたという意味においては第二の量的な問題とも密接に関係するが、ここでは、問題の空間的範囲が拡大したこ

とに着眼して説明を行う。酸性雨や国際河川の水質汚濁などの国境をまたぐ国際的な環境汚染が生じると、加害者と被害者という構造が国どうしの関係のなかで顕在化した。その結果、複数の国による交渉と協力によって新たなルールを作り、問題の解決を図らなければならなくなった。直接的な汚染物質の排出者とその被害者という当事者の利害に加えて、国や地域の間の利害が絡むため、それらの解決はより難しくなった。また、地球温暖化やオゾン層破壊などの環境問題は、さらに空間的範囲を拡大させ、地球規模での環境問題となり、世界の国々がどのように持続可能な発展（sustainable development）を遂げるかという問題へと展開していった。例えば、経済成長が必要な途上国と経済成長を遂げた先進国とでは、産業発展と環境対策への考え方やこれまでの環境汚染への寄与度、対策における対処能力が異なるため、共通だが差異ある責任（Common but differentiated responsibility）という考えが登場した。こうして、地球環境問題への対応という意味では共通の責任は有するものの、具体的に果たすべき役割は異なるという認識が広まった。人類が地球の地質や生態系に重大な影響を与える時代に突入したという認識は「人新世（Anthropocene）」という時代区分の言葉を登場させた。多くの国が合意・協力しなければ解決できないのが地球環境問題であるにも関わらず、空間的な拡大により加害－被害の構造は把握・理解がより難しく、不明瞭である。そのため、地球全体の環境問題の状況を把握し共有することが大切であり、地球規模の環境問題についての科学的な解明と状況把握が重要となる。プラネタリー・バウンダリーやエコロジカル・フットプリントなどは、そのような地球環境問題の状況を理解するための情報の好例である。地球温暖化問題についていえば、時間的拡大も著しく、現在の温室効果ガスの排出が30年先、50年先の地球温暖化ならびに気候変動に大きな影響を与えることから、世代間の衡平性や気候正義（宇佐美 2019）の問題として取り上げられるようになった（詳しくは第3節を参照）。将来の予測・予見に基づく対策行動が重要となるため、ビジョンや将来シナリオ、戦略を提示すること、長期的な政策目標を設定することが環境政策のなかでより重視されて

きている。

　これら3つの困難は独立なものではなく、それらが関連しあうことで、上記の説明よりも複雑な様相を呈する。時空間的な拡大により複雑度を増した環境問題は、解決がより困難な問題が残されることとなった。そのため、プロセス（工程）や製品・サービスを改善するという全体システムにおける個別要素に対する対策から、問題構造全体のシステムに働きかけることに対策の中心が移行してきている。

　近年ならびに今後の環境対策において注目すべき2つの特徴を述べる。第一に、根本療法としての環境政策、つまり人間活動形態の再構築の試みは、環境、経済、社会という持続可能な発展における3つの柱を統合させる方向性を有する。「非」環境部門がその部門政策による環境影響を考慮し、その考慮を政策決定の早期に積極的に組み込むプロセスは、環境政策統合と呼ばれる方向性を生み出している（森 2013）。逆に、環境部門における政策においても、経済問題や社会問題を解決することが視野に入れられるようになっている。例えば、環境省による地域循環共生圏の考えは、環境問題と地域発展を両立させるものとして、従来の環境政策の範囲を超えたものとなっている。SDGsの目標達成に向けた取り組みのなかでも、17のゴールを単独に解決するのではなく、複数の目標を達成することの重要性が認識されている。

　第二に、喜多川（2013）が指摘するように、1980年代以降、環境政策にはプラスのイメージや環境ビジネスの創造という要素が少しずつ付け加えられるようになってきた。旧来の公害型の環境汚染への対策は、加害者としての責任を果たすための対策、あるいは加害しないようにするという法令順守的な対策ということで、ポジティブな位置づけが与えられていなかった。しかし、環境によい新しい製品といったプラスのイメージが付加されていった結果、環境政策は経済界や保守政党によっても推進されるようになった。廃棄物対策の3R（リデュース・リユース・リサイクル）も、ビジネス創出を強く意識するサーキュラーエコノミー（レイシーら 2020）という概念に進化した。さらに近年は、対策をとらないことが事業運営上のリスクとされたり、

投資先としても座礁資産化するような事業は忌避されたりするようになってきている。また、環境改善に資するビジネスモデルが企業経営の機会となるという理解が広まり、ESG投資などの展開などにつながっている。

2.2 環境政策の進化の概念的理解

前項で述べたように、環境問題が拡大・変化してきたという歴史的経緯があり、同時に、問題解決の方法についても呼応した変化が生じ、環境政策が変遷していった。

メドウクラフトとフィオリーノ（Meadowcraft & Fiorino 2017）は、環境政策におけるコンセプトが進化していくことの概念説明を行っている。まず、現状の政策や実施状況を懸念する個人や集団が新たなコンセプトを政策論争の場に提起する。支持者を少しずつ増やしていくと同時に、新たなコンセプトについて複数の理解が生まれ、それらが競合し、多くの支持者を得るような方向へと進化していく。新たなコンセプトが主流化すると、最も有力なコンセプトが制度化されて環境政策が実施されるというものである。主流とならなかった他のコンセプトについては、政策が実施される最中もさらに進化を遂げていく。

このように対策のコンセプトが変化するということは、問題認識がどのように変化するかという点にも大いに関係する。2.1項で見た変化を要約すると次のとおりとなる。

1）加害 − 被害の二元化した構造があった環境問題が、誰もが加害者となりえる環境問題へと広がった。

2）被害が明瞭であった環境問題が、国境を超える被害や将来へ先送りする被害というように被害の時空間的拡大をとげ、被害を直接認識することが難しくなった。

3）問題発生構造が単純でエンド・オブ・パイプ型のような対症療法が有効であった環境問題が、より複雑化していくにつれて、人間活動をグリーン化するような根本治療が必要となった。その結果、プロセス（工程）

や製品・サービス、人々の行動様式のグリーン化や環境効率性の向上が図られた。

4）さらに、環境負荷量が増大し環境容量の限界を超えることが指摘されるなか、人間活動の個別要素をグリーン化するだけでは不十分で、人間活動全体、とりわけ経済活動全体をグリーン化していく社会システムのトランジション型の対策へと重点がシフトした。人間の単位活動量における相対的な改善（「相対的デカップリング」という。）ではなく、総環境負荷量を環境容量内にとどめる改善（「絶対的なデカップリング」）が求められるようになった。

5）このような変化のなか、環境問題は環境・経済・社会の持続可能性（sustainability）の問題、言い換えれば複合問題として認識され、分野横断的・統合的な解決アプローチが求められるようになった。

　このうち、1）と2）の変化は、環境政策において、人々の問題認識を醸成させることの難易度と関係アクターで目標設定を合意することの難易度が上昇することを意味する。また、3）と4）の変化は、環境政策においてライフサイクル・アプローチやシステムズ・アプローチが求められるようになるとともに、複雑な問題・現象を解明する科学の役割と科学と社会の対話が重視されることを意味する。3）の変化は、環境効率性（efficiency）を向上させることを重要視させる一方、4）と5）の変化は、それでは不十分で、人間活動を充足させる（sufficiency）ことやより大きな変化が必要であるという問題認識を生じさせた。深井（2005）は、持続可能な発展についての論争には、資本主義の維持と変革、主権国家体制の維持と変革という2×2の組合せによる4つの基本類型があるとし、それらの中間類型を含めて各類型においてどのような議論がされてきたかを説明している。体制変革論により近いのがトランジションの議論でもあるが、社会の基本システムをどこまで変革させるべきかは問題の領域や深刻度によって異なり、個別に検討する必要がある。

　次節以降では、気候変動対策、持続可能な消費と生産、都市づくりという

トランジションが求められている3つの重要分野における問題の概要と求められているトランジションの方向性を説明する。

第3節 気候変動対策に求められるトランジション

3.1 気候変動問題とその現状

　人類は、18世紀に産業革命が始まって以来、産業社会の発展に必要なエネルギーを地中から掘り出される石炭、石油、天然ガスなどの化石燃料に主に依存してきた。化石燃料の燃焼により大気中に大量の二酸化炭素（CO_2）を排出し続け、大気中のCO_2濃度は産業革命前の280ppmから近年の410ppmまで約5割も増加した。CO_2をはじめとする温室効果ガスは地球から宇宙空間への赤外線の放出を妨げるため、その増加は地表付近の気温の長期的な上昇をもたらし、世界の平均気温は産業革命前から1℃以上上昇した。これに伴って、熱波、大雨、強い台風やハリケーン、海面上昇、干ばつ、森林火災などの気象災害の激化傾向が世界中で生じ、人間の健康、水利用、農業、経済活動などに深刻な悪影響を及ぼし始めているほか、自然生態系の引き起こしている。これが気候変動問題（地球温暖化問題）であり、SDGsのゴール13で対応が目指されているほか、食料、健康、水、生態系をはじめ他の多くのSDGsのゴールとも深く関連している。

　気候変動問題は、国によって事情の違いはあれど、火力発電や内燃機関自動車等で化石燃料に依存してきた現代文明そのものが直面した問題であり、典型的な「根深い問題」である。加えて、世界のどこで排出された温室効果ガスが世界全体に影響を与えるため、地球規模の問題であり、また、過去に排出された温室効果ガスが長期的に大気に蓄積していくため、世代を超えた問題であるという大きな特徴がある。

　気候変動問題が「不都合な真実」（ゴア 2007）であることとも関係して、気候変動の科学に対しては「人間活動が原因ではない」「地球は寒冷化に向かう」などの懐疑論もよく聞かれた。しかし、当初は不確実性が大きかった

10

気候変動の科学も過去30年間で大きく進展し、様々な科学的証拠が明瞭な結論に収束するようになってきた。世界中の研究論文を包括的に評価する国連の「気候変動に関する政府間パネル」（IPCC）の最新の報告書は、人間活動の影響が気候システムを温暖化させてきたことに疑いの余地は無いと結論している（IPCC 2021）。

　国際社会は1992年に国連気候変動枠組条約を採択し、国家間で協力してこの問題に対処する取り組みを進めてきた。1997年に京都議定書が採択され、2008〜2012年の第一約束期間に先進国が排出削減義務を負ったが、経済的負担を理由に米国は参加しなかった。また、発展途上国は過去の排出に責任がある先進国に率先した対策を求め、中国やインドを含む発展途上国は削減義務を負わなかった。しかし、時を経て2015年に採択されたパリ協定では、すべての国が排出削減に参加する枠組と、世界平均気温の上昇を産業革命前から2℃より十分低く抑え、さらに1.5℃未満を目指して努力を追求する長期目標が合意された。

　1997年の京都議定書から2015年のパリ協定への移行は、この間に起きたパラダイムシフトを象徴している。京都議定書の目標は「低炭素」であり、排出を「何パーセント減らすか」が問題であった。対策行動は経済的負担を伴うか、面倒な環境配慮を必要とするものと理解されることが多かった。一方、パリ協定の目標は「脱炭素」であり、排出を「いつゼロにするか」が問題になった。その実現のためには、より本質的な社会経済構造の転換が必要であると理解されるようになってきた。これが、各地域や事業者などのレベルにおいてもトランジションの必要性の認識が高まる状況を生み出しているといえる。

3.2　適応策におけるトランジション

　気候変動問題に対処するには、温室効果ガスの排出を削減するなどして地球温暖化を抑制する「緩和策」の他に、変化する気候に合わせて社会経済活動を調整する、あるいは前もって影響を予測して備える「適応策」が必要で

ある。既に現在、1℃の地球温暖化に伴って様々な影響が生じはじめており、どんなに急激な緩和策を実行しても1.5℃程度までは温暖化が進行すると考えられるため、適応策の重要性の認識は高まっている。日本では2018年に「気候変動適応法」が施行され、国が日本全体の気候変動影響評価と適応計画立案を担うとともに、各地方自治体や事業者も気候変動影響に計画的に適応することが推進されている（環境省 2018）。

　気候変動の影響は多岐にわたるため、適応策も熱中症対策、農業における対策、気象災害に対する防災・減災の強化など多様なものが必要になるが、トランジションの観点から、防災・減災について特に注目したい。近年、地球温暖化が続けば大雨の激甚化の傾向が将来にわたって強まることが認識され、主にダムや堤防などのハードインフラに依存してきた既存の防災・減災の限界が指摘された結果、2021年に「流域治水関連法」が成立し、一部の施行が始まっている（国土交通省 2021）。これは、流域協議会の設置や遊水池の活用などを通じて、流域内のあらゆる関係者が協力して取り組む新しい治水の考え方であり、政策レベルのトランジションが起きたといえる。各流域における地域コミュニティでこの考え方と取り組みが根付くことが、地域のトランジションとして今後問われることになるだろう。

　他には、気候変動適応と生物多様性保全の両立を図るため、治水インフラなどを人工物によるものから自然の生態系を活かしたものに変えていくEbA（ecosystem-based adaptation）という考え方や（環境省 2016）、高齢化や核家族化が進む中で高まる社会の脆弱性を緩和していくための地域コミュニティの再構築などが、適応に関連したトランジションの可能性として指摘できる。

3.3　緩和策におけるトランジション（社会の脱炭素化）

　一方で、地球温暖化を抑制する緩和策においては、社会の脱炭素化が求められるパリ協定の文脈のもとで、様々なレベルでのトランジションが必要なことはさらに明らかである。特に大きな転換が必要となるのはエネルギー分

野である。日本の場合、2011年の東日本大震災に伴う東京電力福島第一原子力発電所事故以降、原子力発電所の稼働が停止し、電源構成が火力発電に強く依存する状態が続いてきた。その後、固定価格買取制度による再生可能エネルギー（特に太陽光発電）の普及と、いくつかの原子力発電所の再稼働により、2013年から温室効果ガス排出量は減少を始めている。これをさらに進めて2030年までに46％削減（さらに50％に挑戦）し、2050年までに排出実質ゼロの脱炭素社会を実現するのが現在の日本政府の目標である（環境省2021）。

　脱炭素化が実現した社会の絵姿は様々に思い描くことができるが、想定される構成要素として、ゼロ排出電源による電力供給（主として太陽光、風力を中心とした再生可能エネルギー）、ゼロ排出車両による交通（主として電気自動車）、ゼロ排出で製造した水素などの燃料（再生可能エネルギーによる製造、もしくはCO_2回収貯留を用いて化石燃料から製造）、ネットゼロエネルギーの建築物（高断熱で、高効率機器と太陽光パネルを備えた住宅、ビル）といったものが挙げられる（ホーケン 2020）。

　このような技術の転換に伴い、産業のトランジションが起きるのは必須であり、それによって社会的な混乱が生じ得る。例えば、内燃機関自動車が電気自動車に置き換わることに伴い、内燃機関の部品のサプライヤーの衰退が予想される。この際に労働者が著しい不利益を被ることなく新しい仕事に就くことを支援する、ジャスト・トランジション（公正な移行）が重要視されるようになっている。

　しかし、トランジションが起きるのはもちろん産業だけではない。例えば、再生可能エネルギーの普及に伴い、エネルギーシステムの地域分散化が進み、エネルギーと地域社会の関係が転換する可能性がある。地域の資源を活用した市民によるエネルギー事業が起き、地域経済の復興や災害時の電源確保につながることが考えられる。また、環境再生型農業により農地の土壌に炭素を固定させたり、林業の再生により森林の炭素吸収力を増加させるとともに建築用の木材を供給するなど、緩和策においても地域社会と地域の自然との

関係の中で有効に機能するトランジションがありうる。さらには、牛などの畜産が温室効果ガスであるメタンの主要な排出源であることから、食のあり方をはじめとして、大量生産・大量消費社会を見直すことも、脱炭素のトランジションの重要な一部と考えられる。そのため、第4節で述べるように、持続可能な消費と生産の全体を射程にいれて、トランジションを促進させていくことが求められている。

個人において、自身の所属するコミュニティでこのようなトランジションが起きることを目指すのは重要である。しかし、国レベル、さらには国際社会のレベルにおいても、脱炭素のトランジションに向けた動きは十分ではない。パリ協定の努力目標である1.5℃に温暖化を抑制するためには、2050年前後で世界の脱炭素化が必要である。先進国のみならず、これから経済発展する新興国や発展途上国を含めて2050年に脱炭素化を目指すには、日本を含め、各国の目標や政策は未だ著しく不十分なのである（UNFCCC 2021）。この点については、2018年に当時15歳であったスウェーデンの環境活動家、グレタ・トゥーンベリの影響により始まった若者による抗議活動（Fridays for Future）が欧州などで既に大きな影響力を持っており、日本においても若者が活動を行っている。このように、国がさらなる脱炭素のトランジションの軌道に入るように声を上げていくことも、重要な行動と考えられる。環境運動の内容やアプローチにもある種のトランジションが求められている。

3.4　気候変動対策に求められるトランジション

以上の議論をもとに、気候変動対策に求められるトランジションの方向性をまとめると以下のとおりとなる。

適応に関して（ただし、適応は分野が多様なため、あくまで一例）：
・ハードインフラ依存から「流域治水」への防災のトランジション（流域協議会、遊水地など）
・人工物のインフラによる適応から、生態系を活かした適応（EbA）へのトランジション

・ 社会の脆弱性を緩和する地域コミュニティの再構築

　緩和に関して：

・ 産業と雇用の脱炭素化に向けたトランジション（雇用についてはジャスト・
　トランジション）

・ 地域分散エネルギー社会を目指す地域コミュニティへのトランジション

・ 環境再生型農業、持続可能な林業などへの第一次産業のトランジション

・ 食をはじめとする、大量生産・大量消費の見直し（第4節の生産と消費の
　トランジションを参照）

・ 国などにさらなる脱炭素化のトランジションを求めて声を上げる運動の強
　化・拡大

第4節　持続可能な消費と生産に求められるトランジション

4.1　SCPとは

　持続可能な消費・生産（SCP：Sustainable Consumption and Production）
の形態を確保することは、SDGsのゴール12にも掲げられている世界全体の
重要な取り組み分野の一つである。しかしながら、気候変動や大気汚染とい
った個別問題ではなく、消費と生産という抽象度の高さが問題を理解するこ
とを難しくしている。そこで、SCPの定義と類型から説明を行う。

　SCPが国際的な環境政策の議論に登場したのは、1992年のアジェンダ21に
さかのぼる。その第4章「消費形態の変更」では、環境負荷を低減し、人間
の基本的ニーズを満たす消費生産形態が求められた。1994年のオスロのSCP
に係る円卓会議では、持続可能な消費が「自然資源の利用、有害物質、ごみ
や汚染物質をライフサイクル全般にわたって最小限にしながら、基本的なニ
ーズやよりよい生活の質に対応するモノやサービスの利用であり、なおかつ
将来世代の必要を脅かさない」と定義された。アジェンダ21では持続可能な
生産については明示されなかったが、持続可能な生産のローウェル・センタ
ー（Lowell Center for Sustainable Production 1998）は、生産とはプロセス

15

とシステムを使って製品とサービスを作り出すことであり、(1)環境汚染がない、(2)エネルギーと天然資源を保全する、(3)経済的に実行可能である、(4)労働者、コミュニティ、消費者にとって安全で健康的である、(5)全ての働く人々にとって社会的に創造的に働きがいがあるという5つの要件を満たす生産形態を「持続可能な生産」としている。

国連（2018）では、SDGsの各ゴールを説明するなかで、SCPの説明を行っている。SCPとは「資源効率と省エネの促進、持続可能なインフラの整備、そして、基本的サービスと、環境に優しく働きがいのある人間らしい仕事の提供、すべての人々の生活の質的改善を意味します。その実現は、……（中略）……将来の経済、環境、社会へのコストを低下させ、経済的競争力を高め、貧困を削減することに役立ちます。持続可能な消費と生産は『より少ないものでより多く、よりよく』を目指しているため、経済活動による正味の福祉向上は、ライフサイクル全体を通じて資源の利用、劣化および汚染を減らす一方で、生活の質を高めることによって促進できます。」としている。

このように四半世紀にわたってSCPの定義や説明がされてきたものの抽象的でどのように取り組んだらよいか分かりにくいことは否めないため、SCPを研究する環境研究総合推進費戦略研究プロジェクトS-16（2019）では、消費生産形態を「製品やサービスを用いて消費・生活活動を行う形態と、それを支える生産－供給－消費－廃棄の製品/サービス・システムの形態の総体」として定義し、生産、供給、消費、製品、サービスの5つの構成要素からなるシステムであるとした。例えば、図1-1に示すように、旧来的な意味での「車社会」の消費生産形態は、自動車という製品を生産、供給するシステムと、消費者が自動車を保有・利用するという生活形態、ならびに使用中の製品に対するアフターサービスからなるものであり、カーシェアリングの場合は、メーカーが自動車を製造し、シェアリングサービスの供給会社が供給を行い、消費者は自動車を共同利用する生活形態からなるものである。このような消費と生産に関わるシステムの全体観をもとに消費と生産のあり方を議論していくことが企図されている。

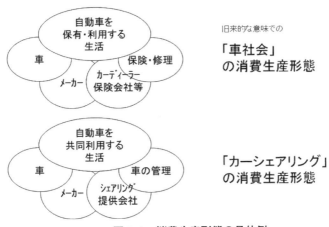

図 1-1　消費生産形態の具体例
（環境研究総合推進費戦略研究プロジェクト S-16、2019）

4.2　SCPが対象とする分野と政策のバージョン

　このような捉え方がされる一方で、第2節でみたように、環境問題への対策は個別の要素ごとに行われてきたという経緯があり、SCPの分野でも同様な変遷がみられる。渡部ら（2017）は、SCP政策が汚染防止、効率性、充足性という3つの時代を経て展開・拡大してきたことを指摘し、それを発展させた堀田ら（Hotta et al. 2021）は、SCP1.0からSCP3.0までのSCP政策の3つのバージョンを提起している（図1-2）。SCP1.0は、プロセスの改善、とりわけ生産プロセスのエンド・オブ・パイプ対策と廃棄物の適正処理を目指すもので汚染防止の時代に用いられた。SCP2.0は、製品とサービスの環境効率性の向上させていくもので、SCP3.0は、消費と生産を統合的にとらえ、製品やサービスよりもそれらがもたらす価値とその充足に着眼するものである。SCP2.0では、ライフサイクル思考が取り入れられ、システム全体を意識して多大な環境負荷を引き起こすプロセスやライフステージが特定されるようなシステム評価はされるようになったものの、持続可能な消費と持続可能な生産を別個のものと考えたり、対策としては、産業部門あるいは取組分

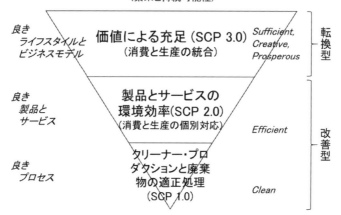

図1-2　持続可能な消費と生産の3つのバージョン
（渡部ら (2017) ならびに Hotta et al.（2021）の議論をふまえて筆者作成）

野ごとに対策を講じて改善を図っていくという要素還元主義的な傾向があった。このようなSCP2.0は、消費と生産におけるリバウンド効果が確認されるなかでその限界が認識されるようになった。環境効率性の向上それ自体は望ましいことであるが、経済活動が効率化したことによって生じた余剰が別の消費や生産に向かうこととなる。結果として、消費生産システムにおけるいくつかの構成要素の環境効率性が向上しても環境負荷が増大してしまう、というのがリバウンド効果が指摘する重要なポイントである。そこで、効率性を向上させるのではなく、消費や生産の根源となる人々のニーズの充足のさせ方を見直し、環境負荷やエネルギー・資源消費の増大を抑制すべきという考え方が広がってきた[3]。

　SCP2.0までの政策がうまく機能しない理由として、消費ならびに生産が経済システムに埋め込まれていることを指摘する議論も存在する。人々のニーズが、経済学が考えるような需要と供給によって単純に満たされるのではなく、経済システムが提供する製品・サービスの範囲内でしか個々人や個々の企業が選択できない状況となり、徐々に人々のニーズと消費あるいは生産

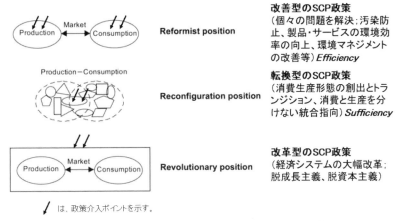

具体説明と例

Reformist position

改善型のSCP政策
（個々の問題を解決；汚染防
止、製品・サービスの環境効
率の向上、環境マネジメント
の改善等）*Efficiency*

Reconfiguration position

転換型のSCP政策
（消費生産形態の創出とトラ
ンジション、消費と生産を分
けない統合指向）*Sufficiency*

Revolutionary position

改革型のSCP政策
（経済システムの大幅改革；
脱成長主義、脱資本主義）

✔は、政策介入ポイントを示す。

図1-3　持続可能な消費生産の実現に向けた3つのアプローチ
（Geels et al. 2015 に加筆）

が乖離していくこととなる。そのため、SCP3.0のように消費生産形態の全
体を考えて人々のニーズを満たしていくという発想や、人々が依存している
供給システムやインフラを転換していくことが重要となっている。具体例で
いえば、製品の保有ということにとらわれることなくニーズを満たすサービ
ス化やシェアリングなどが注目されている。

　消費生産形態の全体システムにより注目する動きに関連して、ヘールスら
（Geels et al. 2015）は、**図1-3**に示すように、SCPへのアプローチには改善
型（Reformist）、転換型（Reconfiguration）、改革型（Revolutionary）とい
う3つの異なるアプローチがあることを指摘している。改善型のSCP政策は
生産と消費を要素還元的に捉えて、個々の要素を改善していく立場をとる。
他方、転換型は消費と生産を一体的に捉えて、全体をトランジションしてい
くものである。改革型は、消費生産形態よりもさらにマクロな観点から社会
経済システムの枠組みそのものの大幅改革を謳うものである。ただし、改革
型は実際の環境政策に取り入れられたとはいえず、改善型から転換型のSCP
政策のシフトが進んでいるのがSCP政策の現状である。

4.3　SCPに求められるトランジション

　以上の論点をふまえて、SCPに求められるトランジションを提示する。それは、次のようなものである。

・生産、提供、消費、製品、サービスからなる消費生産形態全体を新たな形態に転換する。

・人々のニーズをより満たしつつ、環境負荷の低減を実現する。

・環境負荷削減のリバウンドを引き起こさない。

　このようなトランジションのためには、関係するステークホルダーの協力・連携により、どのような消費生産形態を実現するのかを議論して創発していく必要がある。答えが最初からあるわけではなく、目標の設定と合意という点から出発する必要があり、創発された消費生産形態を試行錯誤のなかで実現していくこと（experimentationなどと呼ばれる。）も必要である。このような新しいタイプの政策を堀田ら（Hotta et al. 2021a, b）は「ビジョン創発型政策形成（Envisioning-Based Policy Making: EnBPM）」と呼び、また、田崎ら（Tasaki et al. 2021）はマルチステークホルダーで新しい消費生産形態を共創していく手法を検討している。今後のトランジションにおいては、このようなアプローチを支える人材が存在することも大切である（第3〜6章を参照）。加えて、インフラ次第で存在できる消費生産形態が異なることから、インフラ整備が新しい消費生産形態に適合するように方向転換させることが重要である。次節ではこの点を都市づくりの観点からみてみよう。

第5節　持続可能な都市づくりに求められるトランジション

5.1　持続可能な都市づくりとは

　持続可能な都市および人間居住を実現することは、SDGsのゴール11にも掲げられている世界全体の重要な取り組み分野である。国連（2018）では、SGDsのゴール11「住み続けられるまちづくりを」において「都市を包摂的、

安全、レジリエントかつ持続可能にする」と位置づけ、持続可能な都市づくりについて以下のとおり説明している。都市は、人々の社会的、経済的な活動の拠点であり、前進を可能にするものである。その一方、資金不足、住宅不足、インフラ劣化、大気汚染、廃棄物排出などの対処すべき課題がある。また、基本的サービスやエネルギー、住宅、交通機関等へのアクセスを確保し、すべての人に機会を提供する必要があるとしている。このような観点からすれば、持続可能な都市づくりとは、人々の高度な社会経済活動の拠点である都市において、資源の供給と汚染の制御を管理するとともに、人々のより高度な活動を継続可能とする営みということができる。

　ジャレド・ダイアモンド（2012訳 2000）は、人類社会に関する歴史科学を通じて、都市の形成について以下のとおり指摘している。もともとは、農耕による余剰食糧の蓄積が非生産者階級の専門職を産みだし、人口規模が大きく人口密度が高いほど技術面や社会構成においてより複雑で専門化された集団が形成されやすいという性質により、より大規模かつ高密度な競争力の高い都市社会が世界各地に出現した。一方、大規模かつ高密度な人口の居住を支える水や土地等の環境基盤の供給あるいは都市基盤（インフラ）の管理に失敗すると、都市社会の発展は停滞し、人々の関心を失い、悲惨な滅亡に至る、すなわち持続不可能になることもあった。

　このように、現代社会では、都市が人間活動の主な拠点となり、大半の人々が都市に居住するようになるとともに、都市が持続可能な発展を実現しやすい器となることが求められている。持続可能な状態をモニタリングするために、国立環境研究所（2016）では、持続可能な発展の指標として、環境、経済、社会のトリプルボトムラインに個人を加えた指標分類を設定している。たとえば、環境面では、脱炭素、資源管理、生物多様性の保全、経済面では、GDP、雇用、インフラ維持、社会面では、規範、ガバナンス、コミュニティへの愛着、個人面では、健康、ワークライフバランス、希望などが含まれうる。また、持続可能な発展の指標として、環境、経済、社会、個人のそれぞれの達成状況や資本および相互の連環の指標を採用している。すなわち、

持続可能な都市づくりにおいては、これらの多様な持続可能な発展の目標を満たしていくことが期待されている。

5.2　都市づくりの問題

　都市は、人口の集積とより高度な分業を繰り返しながら発展してきた。その反面、混雑や汚染あるいは地価高騰や遠距離移動といった困難が生じやすく、その困難によってようやく集積に歯止めがかかるということになりやすい。また、世界的なあるいは局所的な環境変化が生じた際には、新たな環境に対応して環境負荷の小さいあるいは環境影響を受けにくい都市へと大きな遅れなく転換することが求められる。しかし、時間あたりの変化量が大きい場合には、既往の技術や知見が通用せず、新たな仕組みやインフラへの転換が追い付かない結果、人々の活動が急速に衰退するおそれがある。本節では、都市における外部性の問題、人口減少および脱炭素社会の問題とトランジションの課題について概説する。

　経済面を重視した都市開発を基本とした都市づくりでは、費用便益的な分析を行う際に分析対象とする時間や空間、問題の範囲が限定されるため、分析対象範囲外の時間や空間、問題には悪影響を及ぼす「つけ回し」が生じやすい。特に、人間活動を取りまく環境は、こうした外部性の影響を受けやすく、大気汚染、水質汚濁、騒音・振動、日照等の都市問題が生じてきた。また、気候変動問題、生物多様性問題、資源循環問題など、人間活動の増大に起因して、より長い時間、より広い空間に対する世界的な環境問題を引き起こしてきた。

　また、日本の都市では、少子高齢化と急速な人口減少への対応が課題である。人口減少は、非婚、晩婚、出産年齢の上昇が主な原因であると分析されている。なお、日本の人口構成の大きな特徴は、1947年〜1949年生まれを中心とする団塊世代にある。戦後に婚姻と出産が急増するベビーブームとなり、その後、乳幼児死亡リスクの低下や中絶の容認による少子化が続いたことから、年間出生数が260万を超える特別に人口規模の大きな世代となった。

団塊の世代の人口規模は、2018 年〜 2020 年生まれと比較すると約 3 倍であり、近年の少子高齢化と人口減少の傾向を際立たせている。これまでも団塊の世代は、就職時には労働人口割合を増やす人口ボーナス期に寄与し、高度経済成長期を支えた。大都市への大規模な集団就職が起こり、大都市一極集中型の大規模ニュータウン開発やミニ開発につながった。結婚、出産を通じて、第 2 次ベビーブームが生じ、核家族の世帯の増加につながった。退職に際しては、労働力不足の懸念とともに年金問題が顕在化した。さらに、寿命が長くなり、後期高齢者が急増することで、介護問題にも直面した。死亡あるいは介護施設への入居により、ニュータウンに大量の空き家が生じ、地域の衰退も課題となっている。このように、地域の人口構成に偏りが生じたり人口規模が小さくなったりすることで、社会基盤施設の活用やコミュニティ活動の維持、自然環境の保全が困難になり、また、世代間不公平につながる等、多様な問題が生じている。

　さらに第 3 節で述べたように、2015 年に採択されたパリ協定を踏まえて、2020 年以降の脱炭素社会に向けた取り組みの必要性が確定的となった。都市づくりという観点では、例えば、1990 年代までは、比較的安定的なガソリン価格を背景として、一人一台の自家用車保有を前提とした郊外型の住宅開発が進んできた。今後の脱炭素化の都市づくりという観点からは、住宅の断熱性能の向上、太陽光パネルの設置、自動車の電動化に加えて、「コンパクトシティ＋ネットワーク」と言われる拠点連携型の効率的な都市構造への再編が求められている。技術的対策による脱炭素化が進まなかったりコストが高くなったりする場合には、より効率的な生活行動が可能な都市を人々が求めるようになり、非効率的な都市では人口減少に拍車がかかる可能性がある。

　これらの都市環境問題に対応するためには、以下の 3 点が必要と考えられる。

・費用便益的な分析に、より広い範囲の時間、空間、問題における費用が内部化されるように、規制や誘導策を整えること
・雇用確保や子育て支援等の人口構成を安定化させる努力を行う一方で、将来的な人口構成変化を予測して中長期的に無駄の少ない社会基盤の整備や

縮退、管理、活用を行うこと
・脱炭素社会に対応した市民の生活に適した都市の将来像を早期に明らかにし、転換を確実に進めること

　しかし、専門的かつ高度な管理が必要となるにつれて、都市づくりと市民との距離は遠くなりがちである。まちの将来を決める主体は誰と思うかを聞いたところ、40％は「市民みんな」と回答したが、20％弱は「議員や役所の人」と回答した（松橋ら 2020）。市民の意見が聞かれない、参加しない、反映されない、人々の関心が失われるといった悪循環に陥らないために、参加と政策反映の好循環を続ける努力が都市づくりには重要になっている。転換のための参加型都市づくりの手法の例としては、先駆的な個人が将来必要な行動を実践し、人々の共感を得ることで構造転換に対する支持につなげる「トランジション・マネジメント」（松浦 2017）に加え、将来世代の立場を代弁する「フューチャー・デザイン」（西條 2015）、中学生や高校生が未来市長の立場になってビジョンを作る「未来ワークショップ」（宮﨑・森 2017）、多数の市民の参加によるまちづくりワークショップ（松橋 2004）、最近では、無作為抽出の市民が脱炭素施策を提示する「気候市民会議」（環境政策対話研究所 2021）が挙げられる。いずれの取り組みにも、脱炭素社会への対応を公共善と位置づけることで、トランジションを確実にする役割が期待される。

5.3　都市づくりに求められるトランジション

　以上の論点をふまえて、持続可能な都市づくりに求められるトランジションの方向性をまとめると、次のとおりである。
・より広い範囲の時間、空間、問題における影響を考慮して、資源の供給と汚染の制御を管理するとともに、多様な持続可能な発展の目標を満たすこと
・特に、参加型都市づくりの取り組み等を通じて、人口減少や脱炭素社会への対応を新たな公共善に位置付けること
・人々は、日々の取り組みだけでなく、都市づくりにも主体的に参画すること
・これらにより、人々のより高度な活動を継続可能とすること

第6節　おわりに

　本章では、環境問題とその対策における変遷を見ながら、トランジションによる取り組みが求められている時代背景とともに、気候変動対策、持続可能な消費と生産、都市づくりの3つの分野において求められているトランジションの方向性を示した。人間活動がもたらす症状として顕在化している環境問題を解決するという対処療法的なアプローチではなく、社会と経済のシステムをひっくるめて根本治療を行うためのトランジションが求められている。本章では環境問題に着目した説明を行ったものの、これらの分野の取り組みはもはや社会経済の側面や人々のウェルビーイングを考えること抜きには議論ができない状況となっている。これは冒頭で述べたように、SDGsが環境だけでなく、経済と社会の問題に着目していることとも符合し、別の見方をすれば、SDGsを個々のゴール達成としてしか理解しないのであれば、その取り組みに限界があることはこれまでの環境政策の歴史が示すとおりである。

　一方、トランジションの研究においては、ある技術が社会に導入されてトランジションが行われるといった研究、例えば再生可能エネルギーの導入といった研究があるが、トランジションを単に技術イノベーションとその社会導入という捉え方をしてよいのだろうか。続く第2章と第3章で、トランジションの理論とそこに求められる人の行動や能力を確認したうえで、第4章から第6章では、サステナビリティ・トランジションにおける「人」の役割や人物像、トランジションに向けたアクションと人づくりの関係などを理解する。

注
（1）英語ではTransitionという表現が用いられているが、その日本語訳で定訳となったものは今のところ存在しない。「移行」「転換」「変革」などの訳が考えられるが、いずれの表現にも一長一短あることから、本書ではカタカナ表記で「ト

ランジション」と呼ぶこととする。

（ 2 ）transform、transformativeという用語が使われている。こちらも「変革」「変容」
「変態」などの訳があるが、定訳はない。文脈的には「トランジション」と同
義の意味で使われている。

（ 3 ）福士（2011、2012）は、持続可能な消費には、強い持続可能性にもとづく持
続可能な消費と弱い持続可能性にもとづく持続可能な消費の 2 つのバージョ
ンがあることを指摘している。端的にいえば「環境に優しいものなら沢山消
費してもかまわない」と考えるのが弱い持続可能な消費であり、そう考えな
いのが強い持続可能な消費である。また、堀田・蟹江（2019）や竹内（2016）、
Spengler（2018）は強い持続可能な消費を指向する充足性の政策についての
具体例などを提示している。

参考文献

Crutzen, P. J. & Stoermer, E. F. （2000）The "Anthropocene". IGBP Newsletter 41.

Geels, F.W., McMeekin, A., Mylan, J., Southerton, D. （2015）A critical appraisal of Sustainable Consumption and Production research: The reformist, revolutionary and reconfiguration positions. Global Environmental Change, 34, 1-12.

Hotta, Y., Tasaki, T., Koide, R. (2021a) Expansion of Policy Domain of Sustainable Consumption and Production (SCP)：Challenges and Opportunities for Policy Design, Sustainability, 13: 6763.

Hotta, Y., Tasaki, T., Koide, R. Kojima, S., Kamei, M. （2021b）SCP Policy Design for Socio-technical System Change: Envisioning-based Policy Making （EnBPM）, Global Environment Research, 25: 15-22.

IPCC（2018）Global Warming of 1.5 ℃：Summary for Policymakers.

IPCC（2021）Climate Change 2021: The Physical Science Basis. Contribution of Working Group I to the Sixth Assessment Report of the Intergovernmental Panel on Climate Change, Cambridge University Press, In press.（http://www. env.go.jp/earth/ipcc/6th/index.htmlに日本語情報あり）

Lowell Center for Sustainable Production （1998）https://www.uml.edu/ research/lowell-center/about/sustainable-production-defined.aspx（2021年 1 月 2 日アクセス）

Meadowcraft, J. and Fiorino, D.J. （2017）Conceptual Innovation of environmental policy. MIT Press.

OECD（2001）Extended Producer Responsibility: A Guidance Manual for Governments, OECD Publishing, 161p.

OECD（2016）Extended Producer Responsibility: Updated Guidance for Efficient Waste Management, OECD Publishing, 288p.

Oslo Roundtable on Sustainable Production and Consumption (1994) 1.2 Defining sustainable consumption.

Secretariat of the Convention on Biological Diversity (2020) Global Biodiversity Outlook 5.

Steffen, W., Richardson, K., Rockström, J., Cornell, S.E., Fetzer, I., Bennett, E.M., Biggs, R., Carpenter, S.R., de Vries, W., de Wit, C.A., Folke, C., Gerten, D., Heinke, J., Mace, G.M., Persson, L.M., Ramanathan, V., Reyers, B., Sörlin, S. (2015) Planetary boundaries: Guiding human development on a changing planet. Science, 347 (6223), 736.

Spengler, L. (2018) Sufficiency as Policy: Necessity, Possibilities and Limitations. NOMOS.

Tasaki T., Kishita Y., Amasawa E., Bunditsakulchai P., Mungkalasiri J., Hotta Y., Hirao M. (2021) Co-designing workshops on sustainable consumption and production in Southeast Asia: Application of idea cards and structuring methods. Sustainability: Science, Practice and Policy, 17 (1), 242-263.

United Nations Conference on Environment & Development (1992) Agenda 21

UNFCCC (2021) Nationally determined contributions under the Paris Agreement, Synthesis report by the secretariat (https://unfccc.int/sites/default/files/resource/cma2021_08_adv.pdf)

アル・ゴア (2007) 不都合な真実、枝廣淳子訳、ランダムハウス講談社.

宇佐美誠編著 (2019) 気候正義〜地球温暖化に立ち向かう規範理論、勁草書房.

環境研究総合推進費戦略研究プロジェクトS-16 (2019) アジアにおけるSCP実現に向けた消費生産形態の協働デザイン、ワークショップ報告書.

環境省 (2018) 気候変動への適応. (http://www.env.go.jp/earth/tekiou.html)

環境省 (2016) 生物多様性分野における気候変動への適応. (https://www.env.go.jp/nature/biodic/kikou_tekiou-pamph/tekiou_jp.pdf)

環境省 (2021) 地球温暖化対策計画. (https://www.env.go.jp/earth/211022/mat01.pdf)

環境政策対話研究所 (2021) 欧州気候市民会議〜脱炭素社会へのくじ引き民主主義の波〜.

国土交通省 (2021) 流域治水関連法. (https://www.mlit.go.jp/river/kasen/ryuiki_hoan/index.html)

喜多川進 (2013) 環境政策史の動向と可能性、環境経済・政策研究、6 (1)、pp.75-97.

国際資源パネル (2019) 政策決定者向け要約「世界資源アウトルック2019」、35p.

国連 (2018) https://www.unic.or.jp/files/Goal_11.pdf (国連広報センター訳、2021年8月2日アクセス)

国連環境計画（永田勝也監訳）（2001）エコデザイン、ミクニヤ環境システム研究所.

国立環境研究所（2016）持続可能社会転換方策研究プログラム（先導研究プログラム）、国立環境研究所研究プロジェクト報告　SR-120-2016.

西條辰義（2015）フューチャー・デザイン、勁草書房.

ジャレド・ダイアモンド（2000）銃・病原菌・鉄（上／下）（倉骨彰訳、2012）.

竹内恒夫（2016）地域環境戦略としての充足型社会システムへの転換、清水弘文堂書房.

田崎智宏（2017）　リサイクルの責任論とその動向（拡大生産者責任など）.宮入裕夫（編）、最新　材料の再資源化技術辞典、産業技術サービスセンター、pp.46-53.

田崎智宏、石塚隆記、滝上英孝（2012）物質管理の基本方策の類型化とその特徴把握（その１）～物質管理の変遷と管理方策の類型化、曝露防止・クローズド化・管理体制の整備の特徴～.環境科学会誌、25（4）、pp.259-279.

ピーター・レイシー、ジェシカ・ロング、ウェズレイ・スピンドラー（2020）サーキュラー・エコノミー・ハンドブック、日本経済新聞出版.

深井慈子（2005）持続可能な世界論、ナカニシヤ出版.

福士正博（2011）持続可能な消費：二つのバージョン（1）、東京経大学会誌、269、pp.193-212.

福士正博（2012）持続可能な消費：二つのバージョン（2）、東京経大学会誌、273、pp.157-175.

堀田康彦、蟹江憲史（2019）持続可能な消費と生産（SCP）に関する国際政策動向、日本LCA学会誌、15（2）、pp.136-143.

ポール・ホーケン（2020）DRAWDOWNドローダウン―地球温暖化を逆転させる100の方法、江守正多監訳、山と渓谷社.

松浦正浩（2017）トランジション・マネジメントによる環境構造転換の考え方と方法論、環境情報科学、46（4）、pp.17-22.

松橋啓介（2004）大規模市民参加型まちづくりワークショップの事例報告、都市計画論文集、39（3）、pp.331-336.

松橋啓介、陳鶴、有賀敏典、金森有子（2020）持続可能な交通まちづくり政策への社会的支持に関する考察、環境科学会誌、33（1）、1-10.

宮崎文彦・森　朋子（2017）未来予測に基づく中高生政策ワークショップの実施、公共研究、13（1）、pp.41-54.

宮本憲一（2014）戦後日本公害史論、岩波書店.

森晶寿（2013）環境政策統合、ミネルヴァ書房.

渡部厚志、小出瑠、堀田康彦（2017）新興国・途上国における持続可能な発展のために求められるアプローチ、環境経済・政策研究、10（1）、pp.32-35.

コラム1　プラネタリー・バウンダリーと人新世

　人間の活動はどの程度、地球環境に悪影響を及ぼしているのだろうか。これを示したものに「プラネタリー・バウンダリー」がある。ストックホルム・レジリエンス・センターの研究者らにより開発された概念で、下図に示すように、人間活動が中央部の緑色の範囲に収まっていれば地球環境的にみて健全な状態であることを示すものである。現在の人間活動による地球環境への悪影響は大きく、黄色の不安定で壊滅的な変化を起こしやすい状態や、赤色の不可逆的で壊滅的な変化を起こす状態になっているものがあることが示されている。

　この背景として、人間活動が増大し続けているということがある。人口が増えて続けている（1950年には25億人であった世界人口は、2020年には78億人にまで増加。）だけでなく、一人あたりの消費するエネルギーや資源が増大し、地球環境に影響を及ぼす一人あたりの活動量が増えていることにも起因する。

　人間活動が増大しているという認識から、地質時代区分を改めるべきという考え方も登場している。約1万年前から現在までを「完新世」と呼ぶが、この時代区分はもはや終了しており、「人新世」（「ひとしんせい」あるいは「じんしんせい」と呼ぶ。）に移っているという考えである（2000年にクルッツェンとストーマーが提唱）。地球が自然に引き起こす地質的・生態的な作用（例えば、大気や水の循環、河川底の堆積物の移動、植生変化など）よりも、人間活動による作用の方が大きくなっているということも含意する。「人新世」という考え方は、人間活動ならびに人間社会のあり方を根本的に問い直す考え方としても注目されている。

［田崎　智宏］

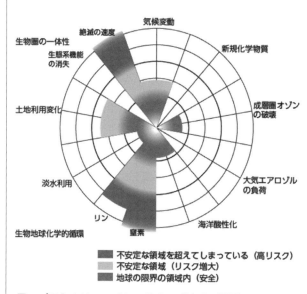

不安定な領域を超えてしまっている（高リスク）
不安定な領域（リスク増大）
地球の限界の領域内（安全）

図　プラネタリー・バウンダリー（地球の限界）
平成29年版「環境・循環型社会・生物多様性白書」、p.5
より（Steffenら（2015）より環境省作成）

コラム2　SDGsとトランジション

　SDGsはSustainable Development Goalsの略で、「持続可能な開発目標」と和訳されている。2015年9月に国連総会での全加盟国総意のもとで採択された世界の目標であり、2030年までに国際社会が実現する17のゴール（図参照）と、その下での169の具体的なターゲットが設定されている。国連はSDGsの特徴として、Universal（普遍性）、Indivisible（統合性）、Transformative（変革性）、Inclusive（包摂性）の4つを挙げている。つまり、SDGsには先進国と途上国の両方に関わるゴールであるという普遍性があり、17のゴールをばらばらに実現してはモグラ叩きのような状況に陥る可能性があるので、複数のゴールを同時達成していくべきとする統合性が必要で、そのためには社会の変革とトランジションを促す変革性も必要であり、また、絶対貧困にあえぐ人々を救済し「誰一人取り残さない」ことを実現していくという包摂性を重視するということである。本書の主題である「トランジション」が明確に理念として組み込まれているのが、SDGsといえる。しかしながら、日本政府が「SDGs実施指針」（2016、2019）で提示している主要原則には、この国連の説明とは異なる「普遍性」「包摂性」「参画型」「統合性」「透明性と説明責任」の5つが掲げられている。「変革性」が「参画型」と「透明性と説明責任」に置き換えられてしまっている。日本においては、「変革性」ということについての不十分あるいは不適当な理解がされていると認識したうえで、これからのトランジションを考えていかざるを得ないだろう。[田崎 智宏]

図　2030年までに国際社会が実現する17のゴール

第2章

トランジション・マネジメントの理論

松浦 正浩

第1節　トランジションの視点

1.1　構造に着目する

　「トランジション（transition）」は一般的に用いられる単語であるが、環境政策などの文脈では、暗黙の裡に社会の「構造（structure）」のトランジションを想定している。したがって、トランジションを考えるうえで、何よりも欠かすことができないのが、社会の「構造」に着目する能力である。目前で起きている事象そのものばかりに気をとられて、背後にある、目に見えない「構造」に気がつかない、考えようとしないのであれば、トランジションを語ることはできない。では「構造」とは何か？

　もともと、構造とは社会学の分野で用いられる専門用語である。個人の行動を律するルール、パターン、あるいは常識のようなもので、構造があるからこそ、人間は社会生活を送ることができる。たとえば、読者が本書を読むことができるのも、著者と読者の間に共通する「日本語（の読み書き）」という構造が存在しているからこそ可能となる。日本語の読み書きができないフランス人に本書を渡しても、この文章を理解できないのは、読み書きという側面で共通の構造が存在しないから、ということができる（異なる言語の

Key Word：トランジション・マネジメント、マルチ・レベル・パースペクティブ、レジーム、スケールアップ、アーリー・アダプター

間にも何らかの共通性はあるという考え方もあるので、構造が完全に排他的であるとは言えないが)。

　構造は、個人の行動を律し、制約を加えることもある。たとえば言葉も、人々が好き勝手に創作してしまったらコミュニケーションが成立しない。また、「不謹慎な発言」が問題になることも多いが、状況に応じて「言うべきではないこと」が存在する。他方、構造による拘束力は意外と弱い。若者が、ネット空間を含むさまざまなコミュニケーションを通じて、あたらしい単語を続々と生み出しているように、個人間の営みが構造を絶えず変化させている。構造が個人などに及ぼす影響に着目するのがタルコット・パーソンズ (Talcott Parsons) をはじめとする構造機能主義であり、個人間の営みが構造を生成する過程に着目するのがバーガーとルックマン (Peter Berger and Thomas Luckmann 2003) の社会構築主義である。これらの構造と個人の関係性について、一見対立する思想は、1980年代にアンソニー・ギデンズ (Anthony Giddens 2015) が構造化理論 (structuration) としてまとめあげる。ギデンズは、構造と個人の間の再帰的な関係、つまり個人間の営みが構造を生成しながら、構造は個人を律するという動的な相互作用の存在を指摘した。

1.2　マルチ・レベル・パースペクティブ (MLP)

　この構造と個人という2層をさらに拡張し、構造の存在する社会が置かれている環境をさらに上位に位置づけ、3つの層で諸問題を捉えようとする「マルチ・レベル・パースペクティブ (Multi-Level Perspective、以下MLPと呼ぶ)」がヘールス (Frank Geels) とショット (Johan Schot) により2000年代に提唱された (Geels and Schot 2007)。MLPでは、技術の社会導入を記述するうえで、技術ニッチと呼ばれる個人の取り組みが存在する「ミクロ」、レジームと呼ばれる法制度やインフラなど構造的な制約が存在する「メゾ」、そして地球温暖化やグローバル経済など社会を取り巻くメガトレンドが存在する「マクロ」の3つのレベルを規定した (**図2-1**)。

　このうち、マクロレベルは社会が短期的には影響をほぼ与えることができ

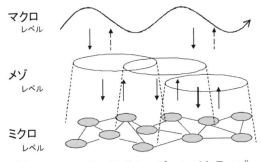

図2-1　マルチ・レベル・パースペクティブ
Geels and Schot（2007）より筆者改題

ない存在で、一方的にメゾレベルに影響を与える。もちろん、長期的にはマクロレベルも人間活動の影響を受ける、例えば温暖化緩和策が効を奏して気温上昇が低く抑えられるかもしれないが、数十年どころか百年を要するかもしれず、影響を受けないという想定でMLPでは考える。

　メゾレベル、ミクロレベルが、これまでの議論における構造と個人にそれぞれ該当する。メゾレベルに存在するさまざまなレジーム（法制度、インフラなど）は、ミクロレベルでの個人の取り組みを規定するが、レジームはさまざまな個人の営みを通じて形成されるものでもある。ここに再帰性が存在する。

　ここで、メゾレベルの「慣性」が問題となる。社会技術トランジションの研究では、マクロレベルの諸課題に対応してミクロレベルでのイノベーションが創発されたとしても、マクロレベルの諸課題に対応していない旧来のレジームがメゾレベルからマクロレベルに対して制約をかける、つまりイノベーションを阻害するという可能性が指摘されている。もちろん、マクロレベルの諸課題に対応してレジームが変化すればこのような問題は起きないのだが、マクロレベルの時間の流れは非常にゆったりしたもので、レジームがすぐに対応せず、問題を先送りにしても、マクロレベルとメゾレベルの間に大きな乖離は生じない。さらに、旧来のレジームの存在によって利益を得ているミクロレベルの個人（ステークホルダー）は、レジームの変化を望まない。

このように、マクロレベルで徐々に課題が深刻化しても、レジームは随伴して変化せず、徐々にマクロとメゾの間の軋轢が強まり、ギャップが広がる。

しかし、マクロレベルでの変化が継続すれば、いつかはマクロとメゾの間のギャップを取り繕うことができなくなり、圧倒的に深刻化したマクロレベルの課題に対応できないレジームが破綻する。破綻が起きると、レジームが存在しないため、いわゆる制度の空隙（institutional void）が発生する。この空隙を新たなレジームがすぐに埋めることができれば社会システムは維持できるのだろうが、構造と個人の安定的な相互作用をもたらしうるレジームをゼロから構築することは容易ではない。そのままでは社会的な混乱、すなわちアナキーが続く。

だからこそ、マクロレベルの課題の深刻化に随伴して、メゾレベルでのレジームの変化を適切に促す必要がある。レジームの変化こそがトランジションであり、変化を促すことこそがトランジション・マネジメントである。

トランジション・マネジメントを検討し、実行するためには、MLPが欠かせない。社会の諸問題をMLPの3層構造で見る能力が必要である。MLPのPはperspectiveの略で、日本語で言えば「視点」である。MLPという視点を使って諸問題を構造的に見ることができなければ、トランジションを語ることはできない。次に、メゾレベルに存在するレジームの変化を促す必要性を認識する必要がある。特に変わる必要がないレジームなのであれば放っておけばよいが、マクロレベルとの間に離隔が蓄積しつつあるレジームは放置するわけにはいかない。構造化理論が示唆するように、構造は個人の営みによって変化しうる。マクロレベルに対応したレジームの変化を促すため、メゾレベルとミクロレベルの間で再帰性を高める必要がある。

1.3　ダブルループ学習とシステム思考

トランジションを促すことは、高次の組織学習を促すことに似ている。この点はトランジション・マネジメントの文脈ではあまり議論されない点であるが、本書が注目する「人づくり」という観点で特に指摘しておく。アージ

リス（Chris Argyris）のダブルループ学習理論は、与えられた目標を達成するために努力するだけでなく、組織を統治する変数（governing variables）を認識して、より高次の目標、社会における組織の存在意義などを踏まえた変数に置き換える重要性を指摘している（Argyris 1992）。わかりやすくいえば、ファーストフードのチェーン店で、与えられたマニュアルにできるだけ沿った形で店員が行動するように、研修や報奨を見直すことも多いだろう。しかし、ダブルループ学習の理論は、マニュアルの「正しさ」を疑って、顧客の期待や同業他社との競争などを踏まえてマニュアルから見直すことを促す。そもそものマニュアルが間違っていたら、いくらマニュアルに従ってがんばっても、本来の目標を達成できないのである。

　ダブルループ学習は、トランジション・マネジメントを考えるうえで重要な視点で、組織やわたしたちの日常生活の当たり前、ルールに懐疑的になることの重要性を示唆している。トランジションも、メゾレベルのレジームに従って活動するミクロレベルの個人の日常、当たり前を疑うところから、マクロレベルの変化に対応できないレジームへの批判が始まり、メゾレベルへの圧力を高めることができる。逆に、レジームに無批判で盲従する個人ばかりでは、トランジション・マネジメントは始まらない。また、トランジション・マネジメントの対象は、一般的に広い意味での「社会」であるが、組織も一種の「社会」だと考えれば、トランジション・マネジメントも一種のダブルループ学習ととらえることもできよう。

　また、「成長の限界」で有名なドネラ・メドウズ（Donella Meadows）のThinking in Systemsに代表される、環境問題をシステムとしてとらえるシステム思考も、トランジション・マネジメントとの共通点がある（Meadows 2008）。システム思考では、公害などの環境問題の表象をそのままとらえない。むしろ、目に見えない、様々な要素からなるエコシステムを措定し、システム内でバランスのとれた持続可能（サステナブル）な要素間の関係性やフローを検討し、さらに人的活動の介入などによりシステム内のバランスが崩れることで、公害等の問題が表出すると考える。

トランジション・マネジメントもまさに、マクロ・メゾのレベルにおいて不安定になっているエコシステムを、安定で持続可能なものへと変える取り組みということができる。ミクロレベルで表出した問題を表面的にとらえるのではなく、構造としてのメゾレベルのレジームをシステムとしてとらえて、その持続可能性を求めるのがトランジション・マネジメントともいえる。この点で、システム思考の能力は、トランジション・マネジメントにおいて重要な意味を持っていると言えよう。また、トランジション・マネジメントでは、暗黙裡に、社会の持続可能性を高めるサステナビリティ・トランジションを念頭に置いていることも多い。持続可能性の高いエコシステムを追求するシステム思考は、トランジション・マネジメントと（必ずしも一致しないが）親和性が高いと言ってよいだろう。

1.4　合意形成とトランジションの相反する関係

　トランジション・マネジメントでは、「合意形成」が否定的にとらえられることも多い。その理由は、トランジション・マネジメントの思想が萌芽したオランダの特性によるところも多い。オランダは国土面積の約1/4が海抜0m以下というほど低湿地に存在し、地域の人々が協働して堤防を守ることがその生存に必要不可欠であった。この協働という文化は、近代になってもオランダの政策形成過程に根付いており、労使協調にみられるネオ・コーポラティズムや、企業、労働組合、農業団体、環境団体など多様なステークホルダーの代表による調整が重要な役割を果たすポルダー・モデル（オランダ・モデルとも呼ばれる）がその特徴とされてきた。まさに合意形成国家と言えよう。

　しかし、このオランダの優れた特徴こそが、ほんとうに必要なトランジションを遅らせてきたという認識がある。

　そもそも、現在の社会経済システムや法制度などのレジームによって、具体的なステークホルダーが決まる。産業構造やインフラなどのさまざまレジームの下で、中心的な機能を果たす集団を代表する組織、人物がステークホ

ルダーとなり、利害調整を図る。少数のエリートによる支配に比べれば、多様なステークホルダーの協働によるガバナンスは、多くの人が規範的にも機能的にも優れていると考えるだろう。

　しかし、レジームそのものに問題があったとしたら、ステークホルダーの代表者はどのように振舞うだろうか？ステークホルダーをステークホルダーたらしめているのはレジームである。よって、ステークホルダー自身がレジームの抜本的な改革を求めることは、まず、ないだろう。漸進的な修正により、現行のレジームの維持を図ろうとするだろう。

　そもそもレジームを替えなければならない、というときに、従前のレジームに下支えされたステークホルダーによる合意で、方向性を決めること自体が不適切なのだ。むしろ、現行のレジームを否定する必要があるのならば、ステークホルダーではない人たちによる運動として、新しいレジームへの移行を促す必要がある。つまり、ステークホルダーによる合意形成志向は、トランジションの足枷となってしまうのだ。

　では、トランジション・マネジメントにおいて、どのようなレジームへと移行すべきかを、誰がどのように方向性を決めるのだろうか。誰がどのように、については次節以降で検討するので、「どのような」について本節の残りで議論する。

　トランジション・マネジメントは、1.2で述べた、MLPのマクロレベルとメゾレベルの間に蓄積する摩擦、ギャップを抜本的に解消することが目的なのだから、新しいレジームは、マクロレベルで蓄積する課題に持続可能な形で対応できるものでなければならない。

　ここで、地球温暖化（気候変動）を例に、具体的に考えよう。マクロレベルの地球温暖化に対応するため、温室効果ガス実質排出ゼロ、いわゆる脱炭素社会へのトランジションが必要であることは明白になってきた（→第1章第3節を参照）。人為的な温室効果ガスの排出を産業革命以前程度まで抑制できれば、気候システムが安定し、マクロレベルでの地球温暖化は収束するはずである。その脱炭素社会を実現するための、より具体的な法制度やイン

フラなどが、目指すべきレジームとなる。

　ここに、人類の意思が介入する余地はどの程度あるのだろうか。極端な話、このまま化石燃料を利用するレジームで「快適」な生活を続けたいし、結果として地球温暖化が深刻化してレジームが破綻し、自分を含めて人類が絶滅してもよい、という意見を持つ人がいるかもしれない。そのような人の意見を尊重しなくてよいのだろうか？

　結論から言うと、そのような人の意見は相手にされないのがトランジション・マネジメントの考え方である。人類の生存、人間活動によって生成される構造たるレジームの持続可能性は、トランジション・マネジメントの中では規範的に扱われているし、だからこそサステナビリティ・トランジションという言い方が、しばしば使われる。

　そうなると、レジームという構造の変容を要求しつつ、サステナビリティという概念を構造として押しつけているのではないか、という見立てもできる。これは筆者も否定できないし、認めるしかない。サステナビリティそのものが否定されてしまったら、サステナビリティ・トランジションも自動的に否定されてしまう。

　では、サステナビリティを一方的かつ規範的に要求する理由は何か。第一に、将来世代への責務が挙げられる。レジームの転換を阻むことで現世代が便益を得れば、マクロレベルとのギャップが蓄積し続け、将来世代がレジームの破綻による悪影響を蒙る。現世代の個人が将来世代の個人から合意なく搾取することは規範として認められない、という考え方もできよう。また第二に、マクロレベルで推移する気候変動などの課題は多くの人々にとってすぐに影響が及ばない問題であるがゆえに、自発的な行動変容を促すことは難しい。よって、サンスティーン（Cass Sunstein）がナッジ（→p.57のコラムを参照）を推す際にリバタリアン・パターナリズムを標榜するのと同じように、人間社会にとって「よいはず」のサステナブルな社会へのトランジションをパターナリスティックに啓蒙することもまた、社会にとって容認せざるを得ない範囲の介入ではないだろうか（Thaler and Sunstein 2008）。

このように、トランジション・マネジメントは、完全に自由で独立した個人による任意の契約を念頭に置いた合意形成とは相容れない考え方である。むしろ、サステナビリティという規範を拡張するための、一種の社会運動であるという見方をしたほうがよい。

しかしまた、少数の指導者によって瞬間的かつ一方的に体制の入れ替えを図ろうとする革命的な政治と、トランジション・マネジメントには大きな違いがある。確かに合意形成を過度に重視することで、持続可能ではない旧来のレジームの中心的人物が拒否権プレーヤーとなり、トランジションを阻害する危険がある。他方、トランジション・マネジメントが目指すのは、メゾレベルのレジームの転換であって、ミクロレベルの個人の入れ替えではない。レジームが転換すれば、その中で中心的役割を果たすステークホルダーは変化せざるを得ないが、旧来のステークホルダーがミクロレベルの個人として存在し続けることは全く否定されない。革命的な政治であれば、旧来のレジームとその中心的人物を同一視し、逮捕監禁等の暴力的な手段が用いられることもあったが、トランジション・マネジメントでは、そのような手段は決して用いられない。むしろ、旧来はステークホルダーであった個人も、レジームの転換に適応して、新しいレジームの下でその能力を発揮することで、新たなレジームの下でのステークホルダーとして機能することが歓迎される。

1.5　トランジションにおける介入の必要性

トランジションは加速させることが必要だからこそ、マネジメントが求められる。では、なぜ加速が必要なのか？放っておいてもいつかは、マクロレベルとメゾレベルの間のギャップが埋まるのではないだろうか。

問題は、前節で述べたように、レジームには現状維持を図ろうとする機構が内含されている。既存のレジームから利益を得て中心的役割を果たすステークホルダーはその変更を望まないだろうから、トランジションの抵抗勢力となる。また、レジームの形成にはそれなりの労力が必要である。法制度にせよ、物理的なインフラにせよ、一夜にして成るものではなく、これらを形

にするためには、まとまった投資が必要だ。よって、そう簡単に入れ替えることはできない。むしろ、現在のレジームを補修しながらなんとか生きながらえさせようとする漸進主義が採用されることが多い。

　よって、短期的な視点でとりあえず問題解決を図ろうとすると、旧来のレジームが生き残ることになるし、またレジームの転換には相当のエネルギーが必要となる。均衡解を求める計算をしたことがある人ならわかるだろうが、なんらかのモデルで均衡解が複数存在したとき、ある均衡解から、より望ましい均衡解へ移動するためには、当初の均衡解よりも悪い状況をいったん経過しなければならない。その「少し悪い状況」からとりあえずの改善を図れば、元の均衡解に戻ってしまう。むしろ、いったんさらに悪い状況にもっていって臨界点（いわゆるtipping point）を越えたところで、一気に、より望ましい新たな均衡解へと移動できるのだ。この不安定状態をいかに短期間で、穏便に済ませるかの手段が、トランジション・マネジメントだともいえる。

　そのためには、旧来の均衡解（レジーム）という蟻地獄から抜け出すための後押しが必要になる。この後押しは、レジームでは中心的役割を果たしていない、少し離れた立場にある人々にしかできない。現在のレジームの問題点（マクロレベルとのギャップ）を客観的立場からクリティカルに観察し、社会にとってより望ましい均衡解が存在することを社会に訴えかけられなければならない。現実には、大学や研究機関の研究者が最も適任ではあろうが、環境運動の活動家や作家、そして最近ではいわゆるソーシャル・イノベーションを志向する起業家などもこの役割を担うことができよう。

　しかし、この介入はあくまで「後押し」である。リーダーとして「ひっぱる」のではない。トランジションによって目指すのは、マクロレベルに対応できる新しいレジームを構築した社会である。その社会のミクロレベルには、現在と同じく多種多様な個人が、新しいレジームの下で新しい行動様式を獲得しているはずだ。その社会が、多種多様な個人にとって納得のいくものでなければ、決して持続可能ではない。それぞれの個人が納得できる社会を構築するためには、個人がトランジションに主体的にコミットする必要がある。

つまり、誰かに言われたからトランジションを経験するのではなく、自らトランジションに積極的に責任もって関与していく、いわゆる「参加」が必要になる。

　少数のカリスマ的リーダーが「正しい」レジームを示して、「間違った」レジームからの転換を要求し、強制するようでは旧来の革命的政治と何ら違いがない。トランジション・マネジメントでは、確かに、マクロレベルの課題やサステナブルなレジームの姿について、外部からのパターナリスティックな情報提供や後押しが必要ではあるが、そこから、個人が主体的に行動変容を選択することで、ボトムアップでレジームの転換がもたらされるべきである。そこにはナッジと同様に、上からの一定の誘導があるものの、最終的には個人による選択が下からの変化をもたらすのである。

　よって、介入は必要であるが、その介入はカリスマ的なリーダーシップのようなものではない。むしろ、個人に対して内省、省察を促し、新たなレジームへと転換するため、メゾレベルとミクロレベルの間での再帰的構造化を加速させる触媒のような介入が必要なのである。

　では具体的に、どのような介入が必要なのか。次節でトランジション・マネジメントのプロセスについて、特に「人づくり」に着目して解説する。

第2節　トランジション・マネジメントのプロセスとプレーヤー

2.1　トランジション・マネジメントの5段階のプロセス

　本節では、より具体的に、トランジション・マネジメントのプロセスについて説明する。ここで説明するのは、オランダの「オランダ・トランジション研究所（Dutch Research Institute for Transition: DRIFT）」やその代表であるエラスムス大学のダーク・ローバック教授らが、アクション・リサーチなどを通じて体系化してきたトランジション・マネジメントの一般的な方法論である（Frantzeskaki *et al.* 2015）。現実には、ありとあらゆる政策過程、市民参加プロセス等と同様に、適用される現場の状況や問題の規模に応じて

その実態は大きく変化しうる。以下に示すステップを忠実に踏襲する必要は全くなく、むしろトランジションを加速するという目的に忠実であれば、その方法はより現場に合わせたものであるほどよいといえよう。

(1) 問題定義

　現実のトランジション・マネジメントの取り組みは、地理的・課題的・時間的な境界線を定めて行われる。つまり、特定の市町村、都道府県、あるいは国・地域などの地理的境界線を定めないと検討できないし、また、気候変動、少子高齢化、食生活などのテーマもある程度、絞る必要がある。さらに、目標年次の設定も重要となる。後に述べるように、超長期の未来におけるサステナブルな社会のすがたを検討するので、何年後のサステナビリティを念頭に置くのか、ある程度考えておく必要がある。

　たとえば最近の気候変動政策では、日本を含め多くの国が2050年までに脱炭素社会を実現するという目標を打ち出している。2050年という時期は、ある程度の実現性を念頭に置いているとはいえ、絶対に2050年でなければならないという厳密な理由はない。もっと早いほうがよい、たとえば2030年までに実現できれば理想だろうが、短期間で無理に実現しようとすれば一部のステークホルダー（重化学工業、自動車産業、そしてガソリン車を運転する人々など）への影響が大きすぎて、逆に実現しそうにない。かといって、遅すぎ

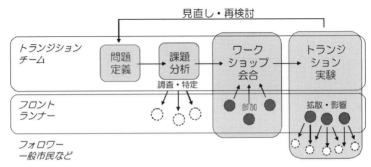

図2-2　トランジション・マネジメントのプロセス

れば産業革命以前の平均気温からの上昇を1.5度どころか2度以内に収めることさえ難しくなる。そこで、科学的知見も踏まえて、2050年というキリのよい年次を使っている国が多いのである。

　トランジション・マネジメントで扱う時間的範囲を非常に長くとれば（たとえば目標年次2100年）、不確実性が非常に高くなり、詳細な分析ができないだろうが、トランジションの可能性は高まる。逆に短すぎれば（たとえば目標年次2025年）、それまでにできることが限られ、トランジションによるレジームの変化の規模は小さいものとならざるを得ないだろう。現実には、10年〜50年程度の幅で、課題の性質に合わせて設定すればよい。

（2）課題分析

　定義された対象・時期等を踏まえ、調査チーム（トランジション・チーム）が課題分析を行う。これは一般的な研究調査として行えばよい。つまり、既往研究や文献資料などから課題の性質、特にマクロレベルとメゾレベル（旧来のレジーム）のギャップに注意しながら整理する。また、目標年次における持続可能な社会システムについて、具体的なシナリオを、必要に応じて複数、検討する。このシナリオは後のワークショップ会合で改めて検討されるので、詳細な分析は必要ないが、ワークショップ会合で議論すべき事項（科学的情報）などを事前に把握しておくために考えておく。

　また、そのギャップに触発されて、対象地域の中ですでに積極的な活動を始めている市民団体や個人を特定する。たとえば気候変動が課題であれば、地産地消でカーボンフットプリントを減らそうとしている食品店、自転車通勤の仲間を募っているグループ、高断熱の省エネ住宅を販売している業者、市民エネルギーを始めようとしているNPOなどが考えられる。これらの人々の存在を文献資料やヒアリングなどで幅広く調査し、地域におけるトランジションを先導するポテンシャルを確認する。

（3）ワークショップにおける検討

　課題分析を踏まえ、20名程度の「フロントランナー」を集めたワークショップ会合を数回開催する。これが、トランジション・マネジメントの活動のなかで最も目立つ介入となる。

　フロントランナーについては後により詳しく述べるが、地域において今後、トランジションを先導する可能性がある個人である。また、ワークショップ会合で他のフロントランナーと対話してもらう以上、自分とは違う意見にも耳を傾け、尊重できる個人でなければならない。よって、組織の代表者でなくても、たとえば若手の社員等で、いわゆる「明るくやる気のある人」などを招待したほうが実質的に機能することもある。

　ワークショップ会合は大きく2つのステップで成り立つ。第1のステップは「ビジョニング」で、目標年次の持続可能な社会のすがたを議論する。事前に課題分析の一環で検討されたシナリオを示しつつ、フロントランナーによる議論を通じて改めて未来像を描き直す。これはシナリオの妥当性検証とともに、今後トランジションの先導役となるフロントランナーの参加意識を獲得する目的もある。また未来像を議論するとき、単なる「夢物語」を語るのではなく、マクロレベルの制約条件を意識することと、現状のレジームを意識しないことの両方が必要である。マクロレベルからの制約に対応してレジームが機能している持続可能な未来社会のメゾレベル・ミクロレベルの姿を共有することが必要となる。ただし、フロントランナーたちの意見が分かれた場合、一つのシナリオに収斂させる必要はない。未来の持続可能な均衡解が複数存在する可能性は十分にある。

　ワークショップ会合の第2のステップは「バックキャスティング」である。前のステップで特定した持続可能な未来社会の視点から、現在の社会を見たとき、メゾレベルに何が足らないのか、何が要らないのか、そしてミクロレベルの取り組みとして何をしていけばよいのかを整理する。

　メゾレベルのレジームとして、未来社会に不適切なもの、導入すべきもの

の特定は必要になるが、これらをミクロレベルの個人（組織）と切り離して整理することも重要だ。たとえば脱炭素社会への転換に、石油化学産業の衰退は不可避だろうが、現在石油化学産業を担っている個々の企業やその職員を排除するわけではない。企業が新たなビジネスを始めたり、職員が新たなスキルを身につけたりする必要はあるだろうが、企業や職員そのものの存在意義を貶めるものではない。

　また革命的政治とは異なり、トランジション・マネジメントは、メゾレベルに直接的に介入するわけではない。むしろ、ミクロレベルの草の根の取り組みを拡大（スケールアップ）することで、メゾレベルでの転換を加速させる。よって、バックキャスティングでは、メゾレベルに刺激を与えるミクロレベルの取り組みを検討することも重要である。目標年次になって、過去を振り返ってみたときに、「あの頃、先進的なことをしていたな」と思える取り組みを、いまのうちに特定して、新たに始めたり、既存の取り組みを支援したりする。もちろん、タイムマシンが存在しない以上、「未来のあたりまえ」を正確に特定することは難しいとはいえ、持続可能な未来像に含まれる「未来のあたりまえ」からの逆算で、先駆的な取り組みを模索するのだ。また、この取り組みの数は一つ二つに絞るのではなく、できるだけ多く、多様なほうがよい。

　ここでどうしても、「かっこいい」「おしゃれな」取り組みに目が行きがちになる点に注意が必要だ。海外の先行事例を空真似するような取り組みを始めても意味がない。都会のエリートや金持ちが集まってウェイウェイと盛り上がるためだけの取り組みなど持続可能社会への転換にほとんど貢献しない。トランジション・マネジメントの大きな命題は、マクロレベルの課題に対応する持続可能性である。ある取り組みが、持続可能な未来社会で本当に「あたりまえ」の一部として機能しているのかどうか、十分に吟味する必要がある。また、何らかの既存の取り組みを前提としてトランジションを考えるのも本末転倒である。バックキャスティングの結果として、「かっこいい」取り組みがたくさん含まれるのは全く問題ないだろうが、「かっこよさ」「おし

ゃれさ」に誘惑されない心の持ちようが求められる。

　また、レジームの転換を想定するため、未来的な取り組みは旧来のレジームに挑戦を突きつける。よって、若干のトラブルは想定せざるを得ないし、トラブル回避志向では何も始まらない。たとえば、自動車中心の都市から自転車中心の都市への転換を志すグループが、日時を決めて集団で自転車に乗る運動「クリティカル・マス（Critical Mass）」が世界各地で実践されてきたが、これは自動車利用者にとっては明らかに迷惑で、実際、トラブルになる。しかしトラブルを恐れていては、トランジションは始まらない。むしろトラブルこそが、トランジションの兆候である。よって、未来志向の取り組みを特定する際、トラブルが生じるから、という理由だけで却下してはならない。

　こうして数回のワークショップの後、トランジション・チームを中心に報告書をまとめる。その内容は、課題分析、未来ビジョン、そして今後の取り組みである。

（4）トランジション実験

　報告書をまとめて終わりであれば、よくあるシナリオ検討と同じだろうが、実際に行動に移すのがトランジション・マネジメントである。報告書で特定された、未来のあたりまえを体現する取り組みを「トランジション実験」として、実際の都市空間などにおいて人目につく形で実行する。この実行役は、トランジション・チームが後押ししつつも、ワークショップに参加したフロントランナーやその仲間たちが中心となる。また、ワークショップで数多くの取り組みが特定されたのであれば、それに合わせていろいろな実験が、いろいろな場所で、いろいろな人々によって行われる。トランジション・チームの誘導が徐々に薄れ、フロントランナーたちが持続可能な未来に向けて、多彩な活動を自律的に増殖させるようになれば理想である。

　この実験は、実際に「未来のあたりまえ」を世の中に見せることで、より多くの人に知ってもらい、「こっちのほうがいいかもしれない」と感じさせ

て行動変容を促すことが大きな目標となる。社会実験の目的は、制度や機械などが実社会で機能するかを試して課題を特定することであるが、トランジション実験は、機能性にあまり関心はなく、むしろ人々に対するデモンストレーション、アピールに重きを置く。この点については次節でより詳しく述べる。

(5) 見直し・再検討

　5年も経てば、革新的な技術が開発されたり、国際情勢が大きく変わったりして、トランジションの方向性を見直す必要性が生じるかもしれない。また、トランジション実験も多様になりすぎて、持続可能社会という目標を見失う危険もある。そこで、定期的に (1) ～ (4) のステップを繰り返すことで、持続可能社会の構築という目標に改めて舵を切り、トランジションの再加速と持続可能性の向上を図ることができる。

2.2　トランジション・チームとフロントランナー

　本書の主題である「人づくり」に貢献する観点から、トランジション・マネジメントのプロセスにおいて中心的役割を果たす個人（プレーヤー）についてここで整理する。

　まず、トランジション・マネジメントを発議して、いろいろな作業を行う「チーム」が必要だ。何ごとにも「言い出しっぺ」は必要であり、（地域）社会の持続可能性について問題意識を持っている行政職員、議員、地元企業の経営者・社員、市民団体代表などが、トランジションの必要性を周囲に訴えかけるところから始まる。トランジション・マネジメントに詳しい研究者なども関わり、打ち合わせや勉強会を通じて、チームが構成される。行政など公的機関の取り組みとして立ち上げられれば、予算や社会的信用といった面でもチームが動きやすいだろう。オランダでは、市の公的な計画（たとえば交通計画）の策定にトランジション・マネジメントを採用している事例も多くみられる。

このチームが課題分析を行うため、都市の持続可能性などについて、既往文献を読み込んだり、自ら未来予測（人口推計など）したりする能力がある人が必要になる。また、このチームがトランジション・マネジメントのプロセス（ワークショップなど）をその後運営するため、プロセスマネジメント、ファシリテーションなどの能力も求められる。これらの能力は一般的に、いわゆるシンクタンクやコンサルタント、あるいは大学の研究室などに存在する。行政の委託業務として進めるのであれば前者への発注が考えられるし、市民団体等の自主的な取り組みとして進めるのであれば後者の研究の一環として協働することも考えられる。

　次に、フロントランナーであるが、これはミクロレベルの存在であることにまず注意が必要だ。メゾレベルのレジームの転換のため、ミクロレベルでの草の根の取り組みを活性化させるのが、トランジション・マネジメントである。よって、現在のレジームで確固たる地位がある組織（いわゆるステークホルダー）との関係性などに着目すべきではない。むしろ、個人として何をしているのか、しようとしているのかに着目すべきである。

　また、先に述べた通り、「おもしろい」「最近人気を博している」「流行っている」といった視点でフロントランナーを特定してはならない。未来の持続可能な社会における「あたりまえ」をすでに体現しようとしている個人を探索するのだ。そして未来の持続可能な社会も、マクロレベルの課題への対応との関係で定義されるものであって、その未来が魅力的でかっこいいものかどうかなど、本質的には関係はない。もしかすると、持続可能な社会には、現世代が享受している贅沢さ、余裕さをすべて削ぎ落したスパルタ式の社会経済システムが必要かもしれない。現在の感覚や印象にひきずられて持続可能社会やフロントランナーを見誤らぬよう、注意が必要なのである。

　同様に、トランジションを企図する以上、現行のレジームに忖度して、トラブルを起こさぬよう地道な取り組みしか思いつかない人は、フロントランナーにはなれない。むしろ、先行事例が全く存在しない、これまで誰もやったことのないことに挑戦しようとする人、そして「常識」にとらわれない人

が必要だ。英語ではよく「think-outside-the-box（箱の外で考える）」という
フレーズを使うが、まさにそのような人物像である。

　他方、フロントランナーは、持続可能社会のレジーム構築に向けて、より
多くの人々を惹きつけ、行動変容を促していかなければならない。あまりに
突拍子のないことをして、独りよがりのサステナビリティを主張するようで
はフロントランナーとしての役割を発揮できない。その意味では、フロント
ランナーには「かっこよさ」が期待される。逆説的であるが、魅力的な取り
組みをしているからフロントランナーだと勘違いしてはならないが、未来の
あたりまえを体現している人がフロントランナーで、その人が魅力的であれ
ばフロントランナーとしての機能性がなお高い、ということである。

　もちろん、いわゆるカリスマ的リーダーシップの能力を持つ人がフロント
ランナーとして目立ちやすいとは思うが、そのようなリーダーシップがフロ
ントランナーに必須かといえば、そのようなことはない。未来のあたりまえ
を周囲に披露して、仲間を増やしていくことさえできればよいのだから、個
人としてのアイデンティティを強調することなく、地味におとなしく、しか
し力強く、活動を展開させられるリーダーシップも十分に有効である。極端
に言えば、フロントランナーは人々を統率するリーダーシップを発揮しなく
てもよい。あくまで未来を先取りする先駆者として実践を続け、周囲の人々
が勝手に慕って追随していくのであっても、その人はフロントランナーと呼
べるだろう。

第3節　スケールアップ・拡散の理論

3.1　トランジションの民主性

　トランジション・マネジメントは、ミクロレベルの草の根活動を契機とし
て、メゾレベルのレジームの変化を促す。これは、レジームに対する直接的
介入を行う革命的政治とは大きく異なる。ミクロレベルの個人が下から変革
を促すという面では、トランジション・マネジメントは民主的な取り組みだ

と言える。しかし、過剰なまでの合意形成至上主義により、既存のレジームによって利益を得ているステークホルダーが抵抗勢力としてトランジションを阻害することにつながることも、トランジション・マネジメントは意識している。サステナビリティを追求するという点では規範的であること、また課題分析やそれに基づくフロントランナーの特定においてトランジション・チームの恣意性を排除できないことなどから、トランジション・マネジメントにおける民主的な配慮の不足を指摘する論調も、以前から強い（Hendriks 2009）。

　しかし、トランジション・マネジメントを、未来社会のサステナビリティを要求する一種の社会運動ととらえれば、決して民主的ではないとは言えない。規制緩和などレジームの解体や変更を直接的かつ規範的に要求するリバタリアンの主張のほうがよほど民主的ではない。トランジション・マネジメントのプロセスのなかでも、初期の課題分析やワークショップ会合などは、確かにエリート主義の側面がなくはない。しかし、フロントランナーによるトランジション実験をより多くの人々が追随するかどうかは、（心理的誘導がないとは言えないが）人々の自由意思に委ねられている。

　トランジション・マネジメントは、サステナブルな社会へと誘導するための方法論であって、合意形成の方法論ではない。ましてや、選挙や議会といった公式のガバナンス機構を代替しようとするものではない。むしろ、ミクロレベルの草の根活動を戦略的に誘導し、より多くの個人の支持を得てミクロレベルで多数派となり、メゾレベルのレジームの再構築にいかに効果的に働きかけるかに主眼がある。よって、トランジション・マネジメントの効果を左右するのは、この「支持を得る」過程にある。

3.2　イノベーション波及理論からの考察

　草の根からいかにレジームの変革につなげるかが、トランジション・マネジメントの成否を分ける。この小規模な実験から人々の「常識」まで変化する過程が、トランジションにおける拡大波及の難しさであるが、ここでロジ

ャース (Everett Rogers) のイノベーションの普及の理論が役に立つ (Rogers 2003)。

　イノベーションはいかに拡大波及するのだろうか。そこでは、アーリー・アダプターと呼ばれる、初期導入者が重要な役割を果たす。最近、街で見かけることも徐々に増えてきた電気自動車を例にとって考えてみよう。ハイブリッドとは異なり、電気自動車は充電インフラがなければ遠出できないのだから、その社会導入は一種のトランジションと言える。身の回りで誰が、テスラなど初期の市販電気自動車を最初に購入していただろうか？ 当然、購入費用は高く、信頼性についてもガソリン車に比べればリスクはあるので、経済的に余裕があり、また業務ではなくレジャーで利用できる人ではなかっただろうか。またそういう「新しいもの好き」の人であることも間違いない。さらに言えば、特にテスラなど、単なる電動化された自動車ではなく、テスラというブランドを所有することに特に大きな価値を見出す人ではなかろうか。このように、必ずしも「合理的」ではないけれども、未来を感じて導入してしまう人、すなわちアーリー・アダプターが、イノベーションを波及させるうえで重要だといわれている。

　トランジション・マネジメントでも、これがまさに重要なポイントとなる。フロントランナーの実践を目の当たりにして新しい行動様式に魅力を感じたとしても、多くの人は、いろいろなしがらみ、そしてメゾレベルから課された制約から、自分自身が実際に行動を変えるにはなかなか腰が上がらないだろう。しかし、世の中には「新しいもの好き」な人たちがそれなりにいる。その人たちに戦略的にトランジション実験を見せつけ、仲間を増やすことで、スケールアップの効率性を高めることができる。

　もちろんその結果、トランジション・マネジメントが、富裕層の若者たち（ヤッピー）を狙ったファッションのように見えてしまう可能性はある。その次の課題は、一部の人たちのファッション、サブカルチャーで終わりにせずに、アーリー・アダプターで得た基盤を使って、さらに普及の次の段階へとスケールアップできるかどうかだ。ジェフリー・ムーア（Geoffrey

Moore）は、ロジャースのイノベーション普及論のなかでも、アーリー・アダプターからアーリー・マジョリティへと移行する段階に大きな「キャズム（Chasm、地面の割れ目）」があると指摘している（Moore 2014）。実用性や採算性を度外視しても採用してくれるアーリー・アダプターと違って、実用性がなければ社会の過半数（マジョリティ）は採用しない。このキャズムを超えるためには、新しい行動様式が、マクロレベルの課題に対応できるだけでなく、長期的には個人に利益が還元されることを強調されなければならない。

　また、キャズムを越える段階は、アーリー・アダプターの行動に刺激されて、マクロレベルでのトランジションが始まり、レジームに変化の兆しが見られる段階でもある。たとえば電気自動車について考えると、2010年代にはまだまだ珍しい、未来の自動車で、アーリー・アダプターでなければ購入しようと思わない種類のクルマであったと思う。しかし、2020年になって欧州諸国や中国、そして日本も2035年頃を目途に電動自動車（ただしハイブリッド含む）の義務化を発表した。また、充電インフラも徐々にではあるが着実に増加し、決して珍しいものではなくなった。これはまさにマクロレベルでのレジームの変化の兆しである。結果、電気自動車はより実用的な選択肢となったのではないだろうか。

　トランジション・マネジメントにおいても、最初はアーリー・アダプター向けのファッション性の高い、奇をてらった取り組みが先行せざるを得ないだろうが、さらなるスケールアップのためには、選択肢として実用性、コストパフォーマンス、競争力を高めるとともに、メゾレベルでの変化を促すプレッシャー（政治活動など）も必要になる。

3.3　裸踊りの拡散

　トランジション・マネジメントでは、トランジション実験を通じて、人々の考え方、モノの見方を変えることも企図している。本章の冒頭で述べたように、人々の行動は構造によって制約されているが、その構造を自ら見直す

ということも、トランジションだと言える。そのとき、トランジション・マネジメントはいかに、人々に自らの「常識」を考え直させることができるだろうか？

　当然、補助金や規制などの政策措置によって人々の行動を誘導できるだろうが、それはトランジション・マネジメントの想定するミクロレベルの取り組みではなく、むしろメゾレベルの操作である。長期的にはトランジションの過程で、レジームが変化し、直接的な動機づけも始まるだろう。しかし最初からメゾレベルでの操作を念頭に置いてしまっては、トランジション・マネジメントというよりは、むしろ直接的な制度改革だし、革命的方法論ともいえる。

　ではいかにして草の根からの行動変容をスタートし、拡大波及できるだろうか。ここで、起業家のデレク・シヴァーズ（Derek Sivers）がTEDで行った「社会運動はどうやって起こすか」の講演が参考になる[1]。ある野外ライブの観客スペースで、ひとりの少年が裸踊りを始める。しばらくは独りで踊っているのだが、周りにいた2名の少年も同調して隣で踊り始める（ただし着衣のまま）。大半の観客は「何をやってるんだ？」と奇異なものを見る様子で傍観している。ここで2人が4人、4人が8人と徐々に少年の数が増えていく。さらに明らかに年上の男女がこの踊りに参加すると、臨界点を越えたかのように、先ほどまで見ていた大人たちが我さきにと踊りに加わり、あっという間にその場にいたほぼ全員が踊りだしてしまう。しまいには、踊らずに傍観しているほうが逆に不安に感じる、同調圧力さえ生まれてしまう。

　この事例からシヴァーズは、最初に踊りに加わった数名の少年がいかに重要かを指摘する。彼らがいなければこのムーヴメントは始まらなかったし、加速しなかったのだ。

　トランジション・マネジメントも、この過程に非常に似ている。もちろん、裸踊りではなく持続可能な社会へ人々を誘導したいのだが、最初のトランジション実験はごく少数のフロントランナーによる「裸踊り」である。ここから、アーリー・アダプターである少年たちのような人々をいかに迎え入れて、

一緒に踊りだすのか。もしも最初の少年が、「その踊り方は違う！」とか「いますぐ服を脱げ！」とか命令していたら、アーリー・アダプターの少年たちは白けて離脱してしまうのではないだろうか。うるさいことを言わず、挑戦的な取り組みに同調してくれる仲間を幅広く受け入れることが、フロントランナーに要求される。

　また、これらのやりとりが多くの人々に見えていることも重要だ。少年たちが盛り上がっていく過程を遠巻きながらも眺めていたからこそ、大人たちもそわそわして、後から慌てて飛び込んでいったのだ。つまり、トランジション実験も、できるだけ多くの人々に「露出」しなければならない。このため、実はトランジション・チームあるいはワークショップ会合には、メディアを巻き込んでおいたほうがよい。できることなら大手新聞社だろうが、インターネット上のローカルメディアや、いわゆるSNSのインフルエンサーなどもよいだろう。とにかく、トランジション実験の存在を知ってもらわないことには、トランジションは始まらない。もちろんウェブサイトやSNSなどで自ら情報発信していくことも必要だ。

　この拡散はまさにウイルスの感染拡大過程にも似ている。ウイルスは撲滅しなければならないが、トランジション実験はむしろ拡散させたい。どうすればよく拡散するのか。第一に、人々との接触機会が多いこと、つまり新しい行動に移行した人が、対面でもネット上でもよいのでより多くの人々に出会って、その行動を「感染」させてくれればよい。第二に、感染力が高い内容であること、つまり新しい行動について知った人が、移行するコストや障壁が低く、さらに魅力的でついつい移行したくなる行動であればよい。

　ただし、裸踊りであれば大した害もないが、ナチスの台頭や中世の魔女狩りなども、似たような過程を経て拡散、悲劇に至ったという見方もできなくはない。だからこそ、同調圧力を使うような手段は倫理的に許されない、という見方もあるかもしれない。しかし民間企業のマーケティングではこのような手段が当然のように使われるし、心理的な誘導は昨今、ナッジとして政策的な利用も進められている（当然、ナッジへの批判も強いが）。トランジ

ション・マネジメントも、あくまで持続可能な社会への移行が目的だからこ
そ、このような手段を必要としているし、正当化されると言える。逆に言う
と、トランジション・マネジメントを標榜する取り組みは、国連の持続可能
な開発目標（SDGs）なども踏まえ、マクロレベルの課題に対応できる本当
に持続可能な社会へのトランジションを目標とすることが道義的に義務づけ
られていると言っても過言ではないだろう。

注

（1）https://www.ted.com/talks/derek_sivers_how_to_start_a_movement

参考文献

Argyris, C. (1999) On Organizational Learning (2nd Ed.). Cambridge, MA: Blackwell.

ピーター・バーガー，トーマス・ルックマン（山口敏郎訳）（2003）「現実の社会的構成（The Social Construction of Reality）」新曜社

Frantzeskaki, N., Bach, M., Holscher, K., and Avelino, F., (Eds)（2015）Urban Transition Management, A reader on the theory and application of transition management in cities, DRIFT, Erasmus University Rotterdam with the SUSTAIN Project (www.sustainedu.eu), Creative Commons（松浦正浩訳「都市のトランジション・マネジメント：都市におけるトランジション・マネジメントの理論と実践の読本」）

Geels, F. W. and Schot, J. (2007) "Typology of sociotechnical transition pathways" Research Policy, Vol.3, No.6 (3), pp. 399-417.

アンソニー・ギデンズ（門田健一訳）（2015）「社会の構造（The Constitution of Society: Outline of the Theory of Structuration）」勁草書房

Hendriks, C. (2009) "Policy design without democracy? Making democratic sense of transition management." Policy Sciences, Vol.42, pp. 341-368.

Meadows, D. (2008) Thinking in Systems: A Primer. White River Jct., VT: Chelsea Green Publishing

Moore, G. (2014) Crossing the Chasm (3rd Ed.) New York, NY: Harper Business.

ナオミ・オレスケス、エリック・M・コンウェイ（2011）世界を騙しつづける科学者たち、楽工社。

Rogers, E. (2003) Diffusion of Innovations (5th Ed.) New York, NY: Free Press.

Thaler, R & Sunstein, C. (2008) Nudge: Improving decisions about health, wealth, and happiness. Yale University Press.

コラム3　気候変動の科学と懐疑論

　気候変動の科学は過去30年間で急速に進歩した。気候変動に関する政府間パネル（IPCC）が1990年に発表した最初の報告書では、観測された気温上昇における人間活動の影響は不明であったが、2021年に発表された最新の第6次評価報告書では、人間活動の影響が地球を温暖化させてきたことは疑う余地が無いと結論された。この間に、実際の気温上昇自体が進行し、より明瞭にデータに現れるようになってきたことに加えて、データの精度、現象の理解、シミュレーションモデルの性能などが改善されてきたことで、科学的知見の信頼性が格段に高まったのである。このことは気候変動問題に対する国際社会の認識に影響を与え、対策の取り組みを後押ししてきたといえる。

　しかし、気候変動の科学には、懐疑論や否定論が常につきまとっている。たとえば「気温上昇を示すデータには疑いがある」「太陽活動が主な原因である」「温暖化しても深刻な影響は無い」といった言説である。様々な動機から、このような言説に同調する人々が常に存在し、気候変動の議論を混乱させている。極端な例ではあるが、ドナルド・トランプ元米国大統領は気候変動の科学に終始懐疑的であったし、米国共和党支持者には同様の意見の人が多い。少なくとも英語圏において、これらの言説の主要な発信源は、化石燃料への規制を嫌う一部の企業が出資する保守系シンクタンクと、それらとイデオロギー的なつながりを持つ保守系メディアであることが知られている（たとえば、オレスケスとコンウェイ（2011））。

　行政やビジネスにおいても気候変動対策（脱炭素化）が主流化し、異常気象の激化を多くの市民も実感するようになった現在、公式な場で気候変動の科学に懐疑的な主張をする人は非常に稀になったが、ソーシャルメディアには未だに懐疑的な言説が溢れている。人には、自分にとって都合のよい情報ばかりを集めてしまう傾向（確証バイアス）がある。特にソーシャルメディアでは自分と考えの近い人たちのみと交流しがちになることで、誤った知識や偏った意見が強化されやすい。懐疑論に同調する人々の存在は、脱炭素化のトランジションを妨げる要因であり厄介だが、彼らを頭ごなしに批判しても効果は薄いだろう。むしろ、懐疑論に触れた際に、自分自身も何かしらの確証バイアスを持っているのではないかと振り返ってみる機会にするならば、懐疑論の存在もあながち無益ではないかもしれない。[江守 正多]

コラム4　ナッジとサステナビリティ・トランジション

　従来の公共政策では、個人の行動を誘導する手段は法規制が主であったが、社会心理学や行動経済学などの知見を利用し、法規制の執行コストをかけずに自主的な行動変容を促すため、行政手続きや公共施設などに施すさまざまな工夫が「ナッジ」として模索されてきた。たとえば、（男性向けで恐縮だが）おしっこを飛び散らかさないよう誘導するため、小便器に小さなハエや的を描いてあるのを見たことがある人もいるだろう。また、デフォルトの選択肢の設定を意図的に操作することもナッジである。たとえば、がん検診の受診を促したい健保組合があったとき、以下の2つの手続きのどちらを選ぶべきだろうか？

1）毎年の健康診断のプログラムにがん検診も含めておいて、がん検診を受診したくない人は受診しなくてもよいという選択肢を設けておく
2）毎年の健康診断のプログラムにはがん検診を含めず、がん検診を受診したい人は申し込めば同時に無料で受診できる選択肢を設けておく

　当然、1）のほうが、がん検診の受診率は高くなるだろう。がん検診の受診率を高めることは、組織や社員本人にとってメリットがあるのだろうから、やりたくない人だけ免除されるオプトアウト（Opt-out）方式のほうが、やりたい人が参加するオプトイン（Opt-in）方式よりも優れた手続きと言えるのだろう。

　しかし、何が「優れた」手続なのかは、この手続きを設計し、実施する組織や責任者の主観に依存する。がん検診の受診率が高まれば、それだけ健保組合や組合員の費用負担が大きくなるだろうから、検診に係る費用の最小化を何よりだいじに思っている人にとっては、迷惑な話だろう。またそもそも、健保組合が正しいと思う選択肢へと誘導すること自体が、受診者の主体性や自由を奪っているという批判もありえるだろう。

　サステナビリティ・トランジションにも、まったく同じ問題が潜んでいる。つまり、持続可能性の高い社会システムへの変革は絶対的に「正しい」ことを暗黙の前提としているが、そもそも、持続可能性を高めないという選択肢はないのだろうか。自分は次世代のことなどどうでもよく、気候変動で人類が絶滅しても別に構わないので、非循環型で持続可能ではない享楽的な生活を続ける自由・権利が自分にあるはずだという主張も、屁理屈のようでいて、一理あるようにも思える。

　ナッジの支持者は、本文中で触れたように、リバタリアン・パターナリズムをよりどころに、自由の制限にはならないことを主張しているが、サステナビリティ・トランジションの支持者は、世代間公平性、環境正義・倫理など、その依拠をより明らかにする必要があるだろうし、また、個人の自由を制限することへの反発も意識しておく必要があるだろう。［松浦　正浩］

第3章

トランジションに求められる能力

森 朋子・佐藤 真久

第1節　はじめに

　第2章では、トランジションを理解するうえで重要な視点を解説し、戦略的にトランジションを促進するトランジション・マネジメントのプロセスと、そこに関わる様々な人の役割について紹介した。では、こうしたトランジションに関わる「人」には、どのような能力が求められるだろうか。あるいは、効果的なトランジションをより多く成功させるためには、これからの「人づくり」で（p.84のコラムを参照）、どのような能力の習得を重視すべきなのだろうか。環境教育や持続可能な開発のための教育（Education for Sustainable Development：以下、ESD）の分野では、環境教育・ESDを通して習得を目指す能力について、これまで様々な議論や研究が重ねられてきた。これらの成果を眺めると、検討された地域や時代が異なるにもかかわらず、いずれも同じような能力の分類に行きついていることに驚かされる。そこで本章ではまず、環境問題の解決や持続可能な社会の実現に必要な能力について、これまでどのような議論が重ねられてきたのかを振り返る。そのうえで、第2章で述べたトランジション・マネジメントの理論にのっとって、トランジションに関わる「人」や、トランジションの「プロセス」ごとに、特に重要だと考えられる能力を論じることとする。

Key Word: 持続可能性キー・コンピテンス、フロントランナー、アーリー・アダプター、他者協働、社会参画

第2節　持続可能な社会の実現に必要な能力

2.1　トビリシ宣言における環境教育の目標

　1972年、環境問題をテーマとした初めての国際会議がスウェーデンのストックホルムで開催された。かの有名な国連人間環境会議、通称ストックホルム会議である。この国際会議を皮切りに、環境問題に関する様々な国際的協議が開始され、1977年には環境教育に関する政府間会議が当時のグルジア（現・ジョージア）の首都トビリシで開催された。この会議で各国が合意したトビリシ宣言では、環境問題への関心と知識、環境の保護と向上に積極的に取り組む態度、問題解決の技能を習得し、環境問題の解決に向けた活動に積極的に参加できる人を育てることが、環境教育の目標として掲げられている（UNESCO 1977）。このトビリシ宣言は、1975年に開催された、トビリシ会議の準備会合である国際環境教育ワークショップ（通称ベオグラード会議）を受けたものとなっており、「環境問題の解決に向けて、我々はどんな能力を身に着けるべきなのか」という問いに対して、政府間の合意の下でその目標を提示した最初の国際文書だと言える[1]。

2.2　北米環境教育学会による環境リテラシー

　トビリシ宣言後、北米環境教育学会（North American Association for Environmental Education, NAAEE）に所属する環境教育研究者らが中心となり、環境教育を通して習得すべき能力を精緻に定義しようとする研究が多数行われた（Roth 1992；Simmons 1995；Wilke 1995）。彼らはこうした一連の能力を「環境リテラシー」と呼び、各能力の定義だけでなく、それぞれの能力をどのようにして測定するのかも含めて、大規模な調査研究を繰り広げた。これらの研究をもとに北米環境教育学会（2011）がまとめた環境リテラシーの定義を表3-1に示す。

　表3-1に示す環境リテラシーの3つの要素のうち、「コンピテンス」とは

表 3-1　北米環境教育学会（NAAEE）による環境リテラシーの定義

環境リテラシーの要素	環境リテラシーの具体例
コンピテンス （Competence）	・環境問題を特定できる（Identify environmental issues） ・関連する質問ができる（Ask relevant questions） ・環境問題を分析できる（Analyze environmental issues） ・環境問題を調査できる（Investigate environmental issues） ・環境問題を評価し、個人的な判断ができる。（Evaluate and make personal judgments about environmental issues） ・問題解決に向けて証拠や知識を活用できる（Use evidence and knowledge to defend positions and resolve issues） ・問題解決に向けて方策を作成し、評価できる（Create and evaluate plans to resolve environmental issues）
知識 （Knowledge）	・物理・生体システムの知識（Physical and ecological systems） ・社会・文化・政治システムの知識（Social, cultural and political systems） ・環境問題の知識（Environmental issues） ・環境問題の多様な解決方法に関する知識（Multiple solutions to environmental issues） ・市民参画と行動戦略の知識（Citizen participation and action strategies）
資質 （Dispositions）	・環境への感性（Sensitivity） ・態度・関心・世界観（Attitudes, concern, and worldview） ・個人的責任感（Personal responsibility） ・有能感、統制の位置（Self-efficacy/locus of control） ・意欲、意思（Motivation and intentions）

North American Association for Environmental Education（2011）をもとに筆者訳出

物事を遂行する能力のことである。コンピテンス、知識、資質は互いに影響し合うものの、基本的には知識の獲得と資質の醸成がコンピテンスの習得を支えるものとして位置づけられており、環境教育の最終的な到達点は、**表3-1**に示すコンピテンスを習得し、環境問題の解決に寄与する行動が実施できるようになることとされている。

2.3　OECDによるキー・コンピテンスとデ・ハーンによる創造コンピテンス

　経済協力開発機構（以下、OECD）は、持続可能な開発のために人々が身に着けるべき能力を研究するプロジェクト「Definition and Selection of Competencies: Theoretical and Conceptual Foundations（通称 DeSeCoプロジェクト）」を1997年〜2003年にかけて実施し、鍵となる3つの能力、すなわちキー・コンピテンスをまとめた。

表3-2　OECD によるキー・コンピテンスとデ・ハーンによる
創造コンピテンスの構成能力

OECD によるキー・コンピテンス		創造コンピテンスの構成能力
相互作用的に道具を用いる能力	・言語、シンボル、テキストを活用する能力 ・知識や情報を活用する能力 ・技術を活用する能力	・世界に目を向け、新たな見通しを立てるために知識を集める能力 ・先ъ駆的に考え、行動する能力 ・学問の垣根を越えて知識を身に付け、行動する能力 ・不確かで複雑な情報を扱う能力
異質な集団で活動する能力	・他者と良好で堅固な関係を構築する能力 ・協力する能力 ・対立を乗り越え、問題を解決する能力	・意思決定プロセス内で協力する能力 ・意思決定における個々のジレンマに対処する能力 ・集団での意思決定プロセスに参加する能力 ・自分自身と他者が積極的になるよう動機づける能力
自立的に行動する能力	・大局的な視点で行動する能力 ・人生計画や個人のプロジェクトを計画し、実行する能力 ・自らの権利、利害、限界、ニーズを表明する能力	・自分の原則と他者の原則を熟考する能力 ・意思決定や行動計画において衡平性を考慮する能力 ・自発的に計画し、行動する能力 ・社会的に恵まれない人に対して共感と連帯を示す能力

de Haan（2010）をもとに筆者訳出

　一方、ドイツの代表的な環境教育研究者であるデ・ハーン（Gerhard de Haan）は、2005年から2008年にかけてドイツの州レベルで実施されたESDの実践プログラム「トランスファー21」で獲得を目指したコンピテンスを「創造コンピテンス（Gestaltungskompetenz）」と呼び、その構成要素として12の能力を挙げている。この創造コンピテンスは、OECDの掲げる3つのキー・コンピテンスをドイツの環境教育の文脈にあわせて捉えなおしたものでもある。表3-2にOECDのキー・コンピテンスとデ・ハーンによる創造コンピテンスの構成能力をまとめた。

　OECDのDeSeCoプロジェクトによって取りまとめられたキー・コンピテンスは、OEDC加盟国で実施される学力到達度調査（Programme for International Student Assessment：通称PISA）の設計や評価に用いられている。その評価結果の取り扱い等には批判的な意見があるものの、先進国での教育政策において、非常に大きな影響力を持っていることは間違いない。デ・ハーンによる創造コンピテンスは概ねOECDのキー・コンピテンスと整

合しているが、例えば彼が提唱する12のコンピテンスのうち「先進的に考え、行動する」、「集団での意思決定プロセスに参加する」、「意思決定や行動計画において衡平性を考慮する」、「社会的に恵まれない人に対して共感と連帯を示す」といったコンピテンスは、OECDのキー・コンピテンスには明確に含まれていないものであり、持続可能性を扱う環境教育やESDならではコンピテンスだといえる。

2.4　国立教育政策研究所によるESDにおいて重視する７つの能力・態度

　環境教育・ESDに取り組んでいる日本の学校現場で最もひろく活用されているのは、国立教育政策研究所が中心となり、2009年から2012年にかけてまとめた「ESDにおいて重視する７つの能力・態度」だろう（**表3-3**）。ここでまとめられている７つの能力・態度のうち、批判的に考える力、未来像を予測して計画を立てる力、多面的・総合的に考える力、コミュニケーションを行う力は、先述した北米環境教育学会の定義でいうところの"コンピテン

表 3-3　国立教育政策研究所による ESD において重視する７つの能力・態度

批判的に考える力	・合理的、客観的な情報や公平な判断に基づいて本質を見抜き、ものごとを思慮深く、建設的、協調的、代替的に思考・判断する力
未来像を予測して計画を立てる力	・過去や現在に基づき、あるべき未来像（ビジョン）を予想・予測・期待し、それを他者と共有しながら、ものごとを計画する力
多面的・総合的に考える力	・人・もの・こと・社会・自然などのつながり・かかわり・ひろがり（システム）を理解し、それらを多面的、総合的に考える力
コミュニケーションを行う力	・自分の気持ちや考えを伝えるとともに、他者の気持ちや考えを尊重し、積極的にコミュニケーションを行う力
他者と協力する態度	・他者の立場に立ち、他者の考えや行動に共感するとともに、他者と協力・協同してものごとを進めようとする態度
つながりを尊重する態度	・人・もの・こと・社会・自然などと自分とのつながり・かかわりに関心をもち、それらを尊重し大切にしようとする態度
進んで参加する態度	・集団や社会における自分の発言や行動に責任をもち、自分の役割を理解するとともに、ものごとに主体的に参加しようとする態度

国立教育政策研究所（2012）より抜粋

ス”に該当し、またトビリシ宣言でいうところの“問題解決の技能”に当てはまるだろう。また他者と協力する態度、つながりを尊重する態度、進んで参加する態度は、北米環境教育学会の定義では資質に、トビリシ宣言では環境の保護と向上に積極的に取り組む態度に該当すると考えられる。

2.5　ウィークらによる持続可能性キー・コンピテンス

　アメリカの環境学研究者であるウィーク（Arnim Wiek）は、国際的なESDの議論を踏まえ、「持続可能性」、「コンピテンス」、「高等教育」といったキーワードを含む大量の学術論文や報告書をレビューし、持続可能な社会の構築に必要なコンピテンスを5つの持続可能性キー・コンピテンス（Key competence in sustainability）としてまとめている。ウィークらの提案する問題解決のフレームワークとキー・コンピテンスの関係を図3-1に、各キー・コンピテンスの定義を表3-4に示す。

　図3-1と表3-4をみてわかるとおり、ウィークらによる持続可能性キー・コンピテンスは、現在の社会で起きている問題をシステム的に理解し、持続

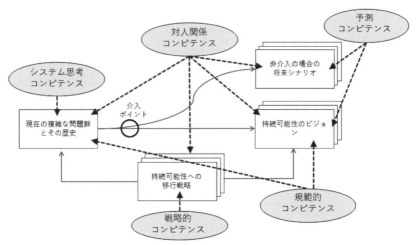

図3-1　問題解決のフレームワークと持続可能性キー・コンピテンスの関係

Wiek ら（2011）より筆者訳出

可能な将来ビジョンを描いたうえで、現状から望ましい将来像へと社会をトランジションするために必要な能力を、その獲得プロセスに基づいて見事に描き出していると言えるだろう。

佐藤・岡本（2015）は、国立教育政策研究所によるESDで重視する態度・能力と、ウィークらによる持続可能性キー・コンピテンスとの接点を考察している[2]。持続可能性キー・コンピテンスのうち、規範的コンピテンスは、既存の規範（正義、公正、責任、社会と環境の健全な関係性等）を考慮しな

表3-4　ウィークによる持続可能性キー・コンピテンスの定義

システム思考コンピテンス （System-thinking competence）	・異なるスケール（ローカル、グローバル）で物事を考えることができる。 ・複数の分野間（社会、環境、経済等）の関係性を考えることができる。 ・複雑な問題構造を理解し、複雑かつ動的な原因-結果の連鎖を考えることができる。 ・人々の価値観・ニーズ・認識と社会の制度・意思決定との間の相互作用を考えることができる。
予測コンピテンス （Anticipatory competence）	・問題が将来どのように進展しうるか、措置を講じることで、あるいは講じないことでどのような影響があるかを考えることができる。 ・起こりやすさの程度や事実との整合性を意識して、将来を考えることができる。 ・将来起こり得るリスクや世代間衡平を考慮して、予防的に対応策を考えることができる。
規範的コンピテンス （Normative competence）	・持続可能性の原則や目標を理解して、既存の規範（正義、公正、責任、社会と環境の健全な関係性等）と調整しながら、持続可能性の観点を組み入れることができる。
戦略的コンピテンス （Strategic competence）	・個人行動や社会の仕組みを変容するための理論や戦略、介入の仕方を理解できる。 ・問題解決に向けて障害となる点や成功要因、実行可能性等を分析したり、問題解決のために動員できるリソースや役割・責任を考慮したりして、効果的な戦略を考えることができる。 ・社会の仕組みを変えるために、権力、政治、既得権益者を含むステークホルダーを巻き込んだ戦略を考えることができる。
対人関係コンピテンス （Interpersonal competence）	・他者とコミュニケーションを図りながら、チーム内で役割分担（リーダーシップも含む）やプロジェクトマネジメントを行い、チーム全体として力を発揮することができる。 ・異なる立場、文化、主張を持つ人や組織と協働することができる（信頼構築、交渉、対立解消を含む）。

Wiek ら（2011、2016）をもとに筆者作成

がら現状を理解したり、将来像を描いたりする能力であり、国立教育政策研究所（2012）が示す「持続可能な社会づくりの構成概念」[3]に含まれる「公平性」との関連が深い（佐藤・岡本 2015）。

　また、先述したデ・ハーンによる創造コンピテンスのうち、「意思決定や行動計画において衡平性を考慮する能力」と「社会的に恵まれない人に対して共感と連帯を示す能力」は、規範的コンピテンスの一部であると判断できる。規範的コンピテンスには、地球環境の有限性を前提としたステークホルダー間の衡平、世代間の衡平、将来世代との衡平等が含まれており、持続可能性を扱う環境教育やESDにおいて、特徴的かつ重要なコンピテンスだといえる。

2.6　OECDによるトランスフォーマティブ・コンピテンス

　OECDがDeSeCoプロジェクトを通して３つのキー・コンピテンス（相互作用的に道具を用いる能力、異質な集団で交流する能力、自律的に活動する能力）を提唱してから約15年の後、OECDでは近未来の2030年における学習の枠組みを検討するEducation 2030というプロジェクトがスタートしている。このプロジェクトが発足した背景には、環境、経済、社会がこれまでにないスピードで変化し、先を見通しにくいVUCA（Volatility：不安定、Uncertainty：不確実、Complexity：複雑、Ambiguity：曖昧）の時代に突入することへの危機感がある。これから社会に出ていく子供たちは将来、現在の社会にはない技術を用い、今はまだ存在しない仕事に就き、これまで取り組んだことのない課題を解決しなければならない。そうした状況に対応するためには、現在の教育方法や評価、学校や授業の仕組みなどを大きく作り変える必要があると考えているのだ（OECD 2018）。このプロジェクトの初期段階での成果がまとめられたポジション・ペーパーでは、過去に提唱した３つのキー・コンピテンスに加えて、新たに「社会を変革し、未来を創造するコンピテンス（Competencies to transform our society and shape our future）」の重要性を指摘しており、「トランスフォーマティブ・コンピテンス」

表3-5　OECDによるトランスフォーマティブ・コンピテンスを構成する3つの力

新たな価値を創造する力 （Creating new value）	・新たな思考方法、生活スタイル、ビジネスモデル、社会モデルなどを創造し、イノベーションを引き起こす力。 ・イノベーションを起こすために他者と協働し、既存の知識から新たな知識を生み出す力。 ・適応力、創造力、好奇心、新しいものに対して開かれた意識も含む。
対立やジレンマを克服する力 （Reconciling tensions and dilemmas）	・対立やジレンマ、トレードオフの扱いに熟達し、対立する要求の間でバランスをとることができる力。 ・相容れない考えや立場についても、それらの相互のつながりや関連性を考慮しながら、短期的な視点と長期的な視点の両方を踏まえて、より統合的に行動する力。 ・システム的な思考ができる力。
責任ある行動をとる力 （Taking responsibility）	・個人の行為がもたらす将来の帰結を考え、リスクと報酬を評価し、自分の仕事の成果物について責任をとる力。 ・規範や価値、意義や限界に関連する問いかけによって、自分を振り返ったり、自分の行為を評価したりする力。 ・自己コントロール、自己効力感、責任感、問題解決、適応力も含む。

OECD（2018）より抜粋

と名付けて定義している。トランスフォーマティブ・コンピテンスとは、**表3-5**に示す3つの力で構成される。

　さらにポジション・ペーパーでは、上述したコンピテンスを身に着けるためには「見通し、行動、振り返り（Anticipation, Action, Reflection: AAR）」という3つの学習プロセスが重要であると説いている。ここでいう「見通し」とは、現時点での行動が将来にどのような影響をおよぼすか、あるいは将来必要になるものは何かを行動前に予測することであり、「振り返り」とは行動後の状況を多角的、客観的に捉え、見直すことである。何かを決断する、選択する、行動する前後に、「見通し」と「振り返り」という学習プロセスを含めることによって、より効果的にコンピテンスを習得し、責任ある行動を促すことが期待されている（白井 2020）。

2.7　UNESCOによる「SDGsのための教育—学習目的」

　UNESCOは、「国連・ESDの10年」（2005-2014, Decade of Education for Sustainable Development: DESD）の経験に基づき、後継プログラムのグローバル行動計画（Global Action Programme, GAP）において知見を整理した。

2017年には、「SDGsのための教育 – 学習目的」（Education for Sustainable Development Goals, Learning Objectives,）を発表し（UNESCO 2017）、SDGs達成年限である2030年にむけて、ESD for 2030というプロジェクトがスタートしている。

　とりわけ、資質・能力に関する指摘については、「国連・ESDの10年」におけるこれまでの国際的な論議（デ・ハーンや、ウィークらなどによる指摘、前述）を踏まえて、社会との関わりの中で、その資質・能力を高めていく、UNESCO独自の持続可能性キー・コンピテンシー（システム思考、予測、規範、戦略、協働、批判的思考、自己認識、統合的問題解決）を提示した[4]。持続可能性キー・コンピテンシーは、知識獲得や論理的思考、コミュニケーションなどの従来の資質能力を否定するものではなく、むしろそれらを基礎的コンピテンシーとした上で、この分野横断的な8つのキー・コンピテンシーを身に着けることで、複雑で変動的な状況に対応し、より統合的な問題解決を促していく力を構成していくことが大切だと考えられている。さらに、持続可能性キー・コンピテンシーは個人単位で獲得するのではなく、他者との関わりの中で獲得できるものであるとし、資質・能力の捉え方を、これまでの個人が獲得すべきものという文脈を超えて、集団やチーム、場の力の結果として獲得されるという認識も高めていく必要があるだろう。

第3節　サステナビリティ・トランジションに必要な能力

　ここまで、環境問題の解決や持続可能な社会の実現に必要とされる能力を総合的に俯瞰してきた。それでは、本書の主題であるサステナビリティ・トランジションを促進するために必要な能力とは何だろうか？本節では第2章で述べたトランジション・マネジメントの理論をもとに、トランジションの「プロセス」やそこに関わる「人」に着目して、必要とされる能力を考えてみたい。

3.1 トランジションのプロセスとそこに関わる人

　トランジションは社会もしくは社会システムが初期の平衡状態から新しい平衡状態へと根本的に変化する長期的なプロセスである。ロトマンズ（Jan Rotmans）ら（2001）は、このシステム変化を開発前（Predevelopment）、開始（Take-Off）、加速（Acceleration）、安定（Stabilization）という４段階で整理している（**図3-2**）。開発前の段階では、個々のイノベーションは存在しつつも現存するレジームと競争することができないほど未発達な段階だが、開始の段階では現状を維持しようとするレジームを動揺させるものとしてイノベーションが機能し始める。加速の段階ではイノベーションが拡大して旧来のレジームが変化し、安定の段階では新たなレジームが安定・最適化される。もしこの段階で均衡が達成されなければ、この新たなレジームもじきに崩壊するとされている。

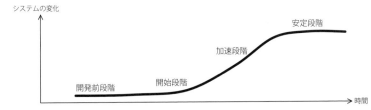

	開発前段階 (Predevelopment)	開始段階 (Take-off)	加速段階 (Acceleration)	安定段階 (Stabilization)
現象	個々のイノベーションは既存レジームと競争できないほど未発達。	既存レジームを脅かす存在としてイノベーションが機能し始める。	イノベーションが拡大し、既存レジームの変化が起こり始める。	新たなレジームが安定・最適化される。
トランジション・マネジメントの手順	・現状および将来を分析し、重要課題を抽出する。 ・関係者で共有できる将来ビジョンを作成する。 ・将来ビジョンから逆算し、現段階で実施すべきアクションを検討する。	・検討したアクションをトランジション実験として実行する。 ・アクションを実行、支援する仲間や団体をつくる。	・多くの人を巻き込んで、革新的な取り組みを広い範囲で実践する。 ・できるだけ多くの人の賛同を得る。	―
関連する人	フロントランナー トランジション・チーム（仕掛け人）	アーリー・アダプター	アーリー・マジョリティ、レイト・マジョリティ ラガード	

図3-2　トランジションの４段階におけるトランジション・マネジメントの手順とそこに関わる人

　こうしたトランジションを戦略的に促すのが、第2章で述べたトランジション・マネジメントである。トランジションの開発前段階は、トランジションの仕掛人である「トランジション・チーム」が、取り組む課題や目標年次を特定し、課題の現状や将来シナリオなどを分析するところから始まる。多くの場合、トランジション・チームのメンバーは地域の持続可能性に問題意識を持っている行政職員、議員、市民団体、地元企業関係者、研究者などで構成される。第2章でも述べたとおり、ここでもうひとつ重要なことは、対象地域で幅広いヒアリング調査を実施し、地域の中ですでに先進的・積極的な活動を始めている、今後トランジションを先導する可能性のある団体や個人、すなわちフロントランナーを探し出すことである。一定数のフロントランナーを特定できれば、次は彼らを集めてワークショップを数回開催する。ワークショップでは目標年次までに実現したい共通の将来ビジョンを作成するとともに、その将来ビジョンを実現するために現在の社会で実施すべきミクロレベルでの取り組みを検討する。

　ここまで検討が進めば、次はいよいよトランジションを開始する段階だ。ここからはトランジション・チームは支援する側にまわり、主役はフロントランナーとその仲間（サポーター）たちになる。ワークショップで検討した取り組みを「トランジション実験」として実際に実行するのだ。このトランジション実験は、できるだけ多くの人の目に触れることが重要である。未来志向の取り組みを実際に見ることによって、「私もやってみたい」、「こっちのほうがいいかもしれない」と、取り組みに参加・協力してくれる最初の賛同者、すなわちアーリー・アダプターを獲得する必要があるからだ。第2章で述べたとおり、この開始段階でどれだけアーリー・アダプターを獲得できるかが、その後のトランジションの成否に大きく影響する最初の関門といえよう。フロントランナーとその仲間たちは、トランジション実験を効果的に実施し、より多くのアーリー・アダプターを獲得するために、場合によってはNPOや企業などの団体を設立することも考えられる。

　開始段階がある程度成功したら、新たな取り組みをより多くの人に伝播し、

巻き込んで、既存のレジームを変化させる大きなムーブメントへと成長させる加速段階に入る。ここでは最初に取り組みを始めたフロントランナー、その取り組みに最初に賛同したアーリー・アダプターだけでなく、彼らに追随してくれるアーリー・マジョリティを獲得し、社会の過半数の賛同を得ることが重要である。そのためには、新たな取り組みがマクロレベルでの問題に対応できるだけでなく、長期的には個人レベルでの利益にもつながることも示す必要があるだろう。また、同じような方向を目指す取り組みが同時多発的に起きたり、そうした新たな取り組みに参加する人が増えたりするなど、トランジションが成功しやすい「場」と「雰囲気」を醸成することも重要だろう。加速段階での取り組みが成功すれば、既存レジームが変化し、トランジションが成功する可能性が一気に高くなる。

　なお、ロジャース（Everett Rogers）のイノベーションの波及理論に基づくと、全体の過半数であるアーリー・マジョリティが賛同してから、ようやく新しいイノベーションに賛同し始めるのがレイト・マジョリティ（後期追随者）であり、最後に賛同する最も保守的な層がラガード（遅滞者）と呼ばれる人たちである（Rogers 2003）。

3.2　トランジションのキー・プレイヤーに求められる能力

　トランジションに向けた取り組みがある程度軌道に乗るまでの初期フェーズに着目すると、最初にトランジションを仕掛けるトランジション・チーム、未来志向の挑戦的な取り組みを最初にやってみせるフロントランナー、新たな取り組みに賛同し、参加・協力するアーリー・アダプターの3者が、トランジションを成功に導く重要なプレイヤーだと言える。では、彼らにはどんな能力が求められるのだろうか。ここでは前節で紹介したウィークの持続可能性キー・コンピテンスを軸として、それぞれのプレイヤーにとって特に重要な能力を考えてみたい。

表3-6　トランジション・チーム、フロントランナー、アーリー・アダプターに
求められる主な行動と能力

		開発前段階 （Predevelopment）	開始段階 （Take-off）	加速段階 （Acceleraion）
トランジション・チーム	行動	・問題定義と課題分析 ・フロントランナーの抽出と 　ワークショップの運営 ・未来ビジョンの作成 ・ミクロレベルで実施すべき 　取り組みの抽出	・プロジェクト全体の管理 ・トランジション実験の支援	
	主な能力	・システム思考コンピテンス ・予測コンピテンス ・規範的コンピテンス ・戦略的コンピテンス ・対人関係コンピテンス	・システム思考コンピテンス ・戦略的コンピテンス ・対人関係コンピテンス	
フロントランナー	行動	・ワークショップへの参加 ・未来ビジョンの作成 ・ミクロレベルで実施すべき 　取り組みの抽出	・トランジション実験の実行 ・アクション実行のための団 　体や活動の創出、牽引	・トランジション実験の発展 ・より多くの人々の巻き込み
	主な能力	・予測コンピテンス ・戦略的コンピテンス ・新たな価値を創造する力	・戦略的コンピテンス ・対人関係コンピテンス	・戦略的コンピテンス ・対人関係コンピテンス
アーリー・アダプター	行動	―	・トランジション実験への 　協力・参加	・トランジション実験への参加 ・トランジション実験に追随す 　るアクションの実行、参加
	主な能力	―	・社会や未来への関心 ・進んで参加する態度 ・対人関係コンピテンス	・対人関係コンピテンス ・戦略的コンピテンス

（1）トランジション・チーム

　主に開発前段階で活躍するトランジション・チームには、トランジション
の仕掛人として幅広い能力が求められる。取り組む課題を分析する際には、
目の前で起きている現象だけを見るのではなく、社会、環境、経済といった
複数の分野から問題を捉え、問題が起きている構造をシステムとして理解す
るシステム思考コンピテンスが必要である。また、目標年次までに達成した
い将来ビジョンを作成する際には、単なる夢物語を描くのではなく、マクロ
レベルでの様々な制約条件を考慮しつつ、事実との整合性を踏まえて将来像
を考える予測コンピテンスが求められる。さらにこの将来ビジョンを踏まえ

て、現時点で取り組むべきミクロレベルでの取り組みを検討する際には、未来の視点から現在をバックキャスティングで捉え、個人行動や社会の仕組みを変容する介入方法を考える必要があるため、戦略的コンピテンスと予測コンピテンスの両方が求められるだろう。現状を分析し、目指すべき将来像を考える際には、正義や公正といった既存の規範との調整が不可欠であることを考えると、規範的コンピテンスも必要だ。

　トランジション実験がスタートする開始段階以降、トランジション・チームの主な役割はプロジェクト全体の管理やフロントランナーらの支援になる。この段階でも常に地域の状況や社会の動向をみながら、ワークショップで検討したことが戦略的に進められているかどうかを分析し、必要に応じて軌道修正を促す役割を担っていることから、システム思考コンピテンスや戦略的コンピテンスが重要な能力となるだろう。このように、トランジション・チームにはとにかく幅広い能力が求められる。しかし安心してほしい。なにもこれらの能力を1人の人間がすべて持ち合わせている必要はない。あくまでもトランジション・「チーム」なのだから、チーム全体としてこれらの能力を満たすよう、メンバーを構成すればよいのだ。その意味では、最適なチームを構成し、多様な能力を持ったメンバーを率いるトランジション・チームのリーダーには、高度な対人関係コンピテンスが求められることは間違いない。トランジション・チームが活躍する開発前段階が終了した後も、トランジション実験を円滑に実施するために（必ずしも意見や主張が一致しない）様々なステークホルダーと交渉や調整を行う必要が多々あるため、対人関係コンピテンスはプロジェクト全体を通して必須の能力といえよう。

（2）フロントランナー

　先進的な取り組みを率先して実践してみせるフロントランナーは、初期段階でのトランジションを牽引する重要な役割を担っている。彼らは開発前段階において、トランジション・チームと一緒に将来ビジョンとこれから取り組むべきアクションを考える役割があるため、予測コンピテンスと戦略的コ

ンピテンスを持ち合わせていることが求められる。特に戦略的コンピテンス
は、フロントランナーが主役となる開始段階以降も、トランジション実験を
より効果的に実施し、できるだけ多くの賛同者を獲得するために、非常に重
要な能力だといえる。また第2章で述べたとおり、フロントランナーには現
在の常識にとらわれず、先行事例が全く存在しないイノベーションを生み出
し、実践する役割があることから、OECDのトランスフォーマティブ・コン
ピテンスでいうところの「新たな価値を創造する力」が強く求められる。さ
らに、フロントランナーはより多くの人を惹きつけ、行動変容を促す役割を
担っているため、「人」として魅力的であり、多くの人が慕って追随したく
なる、あるいは仲間に加わりたくなるような人物であることが望ましい。カ
リスマ的なリーダーシップを発揮する必要はないが、他者と建設的なコミュ
ニケーションをとりながらチームとして活動したり、異なる意見や立場の人
ともうまく協働したりするためには、対人関係コンピテンスは必須であろう。

(3) アーリー・アダプター

　フロントランナーが実践する未来的な取り組みに気づき、最初に共感・賛
同するアーリー・アダプターは、トランジションを加速段階まで進める重要
な役割を担っている。多くの場合、トランジション・マネジメントが適用さ
れるのは、その地域を悩ませている社会課題である。したがって、フロント
ランナーらがトランジション実験をとおして実践する先進的な取り組みに気
づくためには、地域や社会の問題に関心を持ち、適切な情報源から常に情報
を得ていることが重要だ。またこうした取り組みを見聞きしたとき、「これ
は未来的な取り組みだ」、「社会課題の解決に有効かもしれない」と考える感
度やセンスの高さも必要だろう。

　ただし、フロントランナーらによる先進的な取り組みを見て、心の中で「い
いな」と思うだけでは、賛同の意を示したことにはならない。彼らの取り組
みを多様な方法で支援したり、プロジェクトに参加したりすることによって、
ようやくフロントランナーらに賛同するアーリー・アダプターとして認識さ

れるのである。すなわち、アーリー・アダプターには社会課題に対する高い関心と情報への感度に加えて、フロントランナーらの活動に様々な方法で参加する態度と実行力が求められる。これは国立教育政策研究所が提唱する「ESDにおいて重視する7つの能力・態度」でいうところの「進んで参加する態度」に該当するだろう。またこうした協働的なアクションに参加する際には、他者の考えや行動を理解して効果的なコミュニケーションを図る対人関係コンピテンスも必須である。もしフロントランナーらの取り組みに参加するのではなく、同じような取り組みを自らの視点で実践し、フロントランナーらに追随しようとするならば、そうしたアーリー・アダプターには、より多くの人を巻き込むための効果的な戦略を考える戦略的コンピテンスも必要となるだろう。

3.3 トランジションの課題からみた重要な行動と能力

　国内外では様々なトランジションの「芽」が育っているものの、既存レジームを変化させてトランジションの成功に至る事例は必ずしも多くない。そこには、トランジションの実現を阻む課題があるからである。本節ではこうしたトランジションの課題に着目して、重要な行動や能力を絞り込んでみたい。

（1）トランジションの開始段階と加速段階の重要性

　ヘールス（Frank Geels）ら（2015）は、持続可能な消費と生産に関するレビュー論文において、これまで取り組まれてきたアプローチを改善型（Reformist）、革命型（Revolutionary）、再構築型（Reconfiguration）の3種に分けて整理している。改善型のアプローチとは、技術改良や環境配慮型消費の促進といった従来の社会システムを改善することで持続可能な社会を実現しようとするアプローチであり、例えば環境負荷の少ないハイブリットカーを開発・販売したり、環境にやさしい商品にエコラベルを付けて消費者に知らせたりする取り組みが挙げられる。こうしたアプローチは、比較的容

易に取り組むことができ、短期的には確実な成果が得られる一方で、持続可能な社会の実現という長期的な目標達成に向けた効果は疑問視されている。

　これに対し革命型のアプローチは、長期的な目標達成に向けて社会システムそのものの抜本的な変化を目指そうとするアプローチである。具体的には、サービサイジングやソーシャル・ビジネスのような新たな経済の仕組みを創出しようとする試みや、少ない消費でも満足を得られるよう人々の価値観を転換しようとする試み、エネルギーや食料の供給を地域分散型へと転換しようとする試み等が挙げられる。これらのアプローチは理想的で革新的な将来ビジョンを示す一方、具体的な現実世界の経験からはかけ離れており、将来ビジョンを実現するためにどのような道筋を辿るべきなのか、小規模の試行をどのようにスケールアップしていくのかという点が十分に示せていないことが批判されている。事実、これらの取り組みはいずれも、一般社会に広く普及しメゾレベルでの社会技術レジームを変化させるまでには至っていない。つまり、社会の大きな変化を目指すこれまでの取り組みは、現実に沿った短期的なアクションから戦略的に取り組みをスケールアップする開始段階と加速段階が十分に考慮されておらず、課題を抽出して将来ビジョンを作成する開発前段階から、一気に社会変化を目指そう（安定段階を目指そう）とする傾向にあったと解釈できる。

　こうした反省点を踏まえ、ヘールスら（2015）は、革命型アプローチが目指す長期的な社会技術システムの変革と、改善型アプローチによる短期的な取り組みの両方を組み合わせて実施し、段階的に変革を促そうとする再構築型アプローチの重要性を指摘している。すなわち、安定段階で実現する将来ビジョンを明確にしつつも、開始段階と加速段階を効果的に促進し、小規模の試行から既存レジームの変革までの道筋をつけることが重要である。トランジションに失敗した過去の事例を振り返ると、多くの場合、この開始段階と加速段階がうまく進められていないことが原因となっている。開始段階と加速段階は、トランジションを成功させるうえで、重要なフェーズだと言えるだろう。

(2) トランジションの開始段階と加速段階で重要な行動と能力

　ではトランジションの成功のために重要な開始段階と加速段階では、人々にどのような行動が期待されるのだろうか。**表3-6**に示したとおり、開始段階とはフロントランナーらが将来ビジョンの実現に向けた短期的なアクションを実践し、最初に賛同してくれるアーリー・アダプターを獲得する段階であり、加速段階とはさらに多くの人を巻き込んで社会の過半数の賛同を得る段階である。したがってこの段階では、誰か特定の人が1人でがんばるという類の行動ではなく、多様な人同士が協働し、より多くの人に働きかけてムーブメントを広げていく行動がより重要となる。スターン（Paul Stern）ら（1999, 2000）は、環境問題の解決に寄与する行動を個人領域（Private sphere）での行動と、公共領域（Public sphere）での行動の大きく2つに分類している。個人領域での行動とは、個人が日常生活の中で行う環境配慮行動であり、公共領域での行動とは、共通善（Common goods）を得るために社会に参画する、あるいは社会に働きかける行動と定義されている。この定義を用いると、トランジションの開始段階と加速段階で重視されるのは、公共領域での行動だといえよう。

　こうした公共領域での行動についてさらに詳しく論じているのは、シティズンシップ研究で著名なイギリスの研究者、クリック（Bernerd Crick）である。彼は、シティズンシップには歴史的に「自由主義的理想に基づくシティズンシップ」と「共和主義的理想に基づくシティズンシップ」の2種類が存在することを指摘している（Crick 2000）。自由主義的理想に基づくシティズンシップでは、社会の秩序やルールの遵守を重んじる健全な市民であることが重視される。したがって行動としては、市民の義務の一部としてコミュニティでの奉仕活動や慈善活動等が推進される。一方で共和主義的理想に基づくシティズンシップでは、政治的な意思決定に参加し、政府を監視する能動的な市民であることが重視される。よって行動としては、必要に応じて法やルールを変える行動が推進される。

　トランジションは、マクロレベルでの問題にうまく対応できていない既存のレジームを、持続可能な新しいレジームへと根本的に変化させようとする長期的なプロセスなので、どちらかというと共和主義的理想に基づくシティズンシップのほうに近い取り組みだと言える。

　ここまでの議論を整理すると、トランジションの開始段階と加速段階におけるフロントランナーとアーリー・アダプターの重要な行動とは、「他者と協働し、社会に参画しながら、能動的に新たなシステムやルールを創出する行動、あるいは既存のシステムやルールを変えようとする行動」といえるだろう。より分かりやすくなるように、横軸を受動的な行動・能動的な行動、縦軸を集団での行動・個人での行動とした四象限の図で考えてみよう（**図3-3**）。例えば地域の清掃活動への参加をお願いされ、それにしたがうといった行為は、集団で実施するものの、何かを能動的に変えようとしているわけではないため、第二象限にあてはまるだろう。ごみの分別など、地域で決められたルールを個人で守る行動は第三象限にあてはまるだろうし、環境に配慮した商品を積極的に購入する行為は、個人での消費行動をとおしてマーケットの動向を変えようとするものなので、第四象限にあてはまると考えられる。

　トランジションの開始段階と加速段階で求められる行動について考えてみると、個人よりも集団での行動、受動的な行動よりも能動的な行動が求められるのだから、第一象限のところにあてはまると考えられる。具体的に、環境分野ならどのような行動があり得るのかを**表3-7**にまとめてみた。**表3-7**に示したような行動を最初に率先して実行するのがフロントランナーであり、それに刺激を受け、参加・追随するのがアーリー・アダプターだと言える。

　では、こうした行動を実践するため

佐藤・高岡（2014）を基に作成

図 3-3　環境配慮行動の 4 分類

表3-7　トランジションの開始段階と加速段階で求められる行動の例

- ・特定の環境問題についてステークホルダーが話し合う場を作る、参加する。
- ・環境問題について政府や関係企業等に働きかける団体を作る・牽引する、参加する・寄付をする。
- ・特定の環境問題に対する意見書、署名、パブリックコメント等に意見を出す、取り纏めて政府や関係企業に送る。
- ・新たな仕組みやルールを導入したり、既存のルールや慣習を見直したりする地域での試験的な環境活動を創出する・牽引する、参加する。

には、どのような能力が特に求められるだろうか。表3-7に挙げた行動はいずれも1人だけで行うものではないことから、他者とうまく協働する力、すなわち対人関係コンピテンスは間違いなく重要な能力だと言えるだろう。ここでいう対人関係コンピテンスとは、単に人あたりが良く、誰とでも仲良くできる能力というだけではない。他者とコミュニケーションを図りながら、互いの得意な点を活かして役割を分担し、チーム全体として力を発揮できるというプロジェクトマネジメントの能力も含まれる。

　対人関係コンピテンスにおけるもう1つの重要な要素は、自分とは意見や立場の異なる他者とも建設的なコミュニケーションを図り、対立構造やジレンマ、トレードオフ等の問題に対処する能力である。実際に環境問題や地域問題に携わった経験のある人なら理解できると思うが、揉めている問題というのは多くの場合、ステークホルダーによって意見が全く異なっている、意見の違いから生じた対立構造がある、どちらかを立てればどちらかが立たず、というトレードオフの関係にあるなど、自分の「仲間」や「身内」でない関係者といかにうまく調整・交渉するかが問題解決の鍵となる。意見や立場の異なる相手と完全に意見を合意させる必要はないが、お互いが「それなら、まあいいかな。」と思える程度の「落としどころ」を見つけることが肝要だ。こうした能力は、例えばOECDのキー・コンピテンスでは「異質な集団で活動する能力」として取り上げられているし、同じくOECDが新しく提唱しているトランスフォーマティブ・コンピテンスにおいても「対立やジレンマを克服する力」として定義されている。

　トランジション促進のために必要なもう一つの能力は、現状から目指す将来ビジョンまでをいかに繋げるかを考える能力「戦略的コンピテンス」である。トランジションの重要段階である開始段階と加速段階においては、将来のレジーム変化へと結びつく現段階で実行可能なアクションをうまく創出できるか、またこうしたアクションに多くの人を巻き込むことができるかが重要である。フロントランナーやそれに追随しようとするアーリー・アダプターには、こうした戦略や介入の仕方を考え、実行し、そのために必要なリソースを差配し、状況に応じて戦略を変更することができる、そのような能力が必要だろう。なお、効果的な戦略を立てるためには、現在の問題を構造的に理解するシステム思考コンピテンスや、将来ビジョンやシナリオを描く予測コンピテンスが欠かせない。これらのコンピテンスは戦略的コンピテンスを支えるものとして、必須だといえる。

　アーリー・アダプターにとって特に重要な能力としては、社会や地域の課題に対する高い関心と進んで参加しようとする態度が挙げられる。フロントランナーらによる取り組みを敏感に察知し、評価するためには、個人の利益を中心に世の中を見るのではなく、社会のウェルビーイングや共通善の観点から物事を捉え、考える能力も必要だろう。こうした能力は、例えば北米環境教育学会による環境リテラシーの「資質」や、OECDによるトランスフォーマティブ・コンピテンスの「責任ある行動をとる力」にも含まれている。

第4節　おわりに

　本章では、トランジションに関わる人にどのような行動と能力が求められるのかについて論じた。最初に、環境教育やESDの分野において長年にわたって議論されてきた様々な「習得を目指す能力」の定義を振り返り、次に第2章のトランジション・マネジメントの理論にのっとって、トランジションのプロセスやそこに関わる人に着目して、必要とされる行動と能力を論じた。

　環境教育・ESDをとおして習得を目指す能力の詳細は定義の主体によって

様々ではあるものの、互いに関連しており、中でもウィークら（2011,
2016）やそれに続くUNESCO（2017）による持続可能性キー・コンピテンス
は、トランジションに関わる能力を幅広く捉えていることが明らかとなっ
た。一方で、今日の日本の学校教育現場の状況を見てみると、①1980年代後
半からの経済のグローバル化とポスト工業化社会を背景にするOECD
DeSeCoプロジェクト、②教科横断的・探究的カリキュラム、グローカルな
メタ認知、自己・他者・社会の関係性、協働性・地域性・自己実現性の議論
を背景に有する総合的学習、③持続可能な開発や人間開発を背景に有する
ESD国内実施計画のように、多様な能力論が混在していることを踏まえる必
要があり（小玉 2015）、国際的論議と日本における実践面での能力論とのギ
ャップを捉え、日本の文脈において整合性あるものにしていく必要があるだ
ろう。

　トランジションにおいて特に求められる能力に目を向けると、トランジシ
ョンを成功させるうえで重要な役割を担うフロントランナーとアーリー・ア
ダプターには、「他者と協働し、社会に参画しながら、能動的に新たなシス
テムやルールを創出する行動、あるいは既存のシステムやルールを変えよう
とする行動」が求められる。したがって、こうした行動を実践するためには、
意見が異なる他者とも建設的なコミュニケーションを図ることができ、チー
ムとして力を発揮できる対人関係コンピテンスの習得が欠かせない。また、
現状から目指す将来ビジョンまでをつなげる効果的な戦略を考えることがで
きる戦略的コンピテンスも必要だろう。さらにアーリー・アダプターには、
フロントランナーらによる先進的な取り組みにいち早く気づくために、地域
や社会の問題に対する高い関心と、フロントランナーらの活動に参加・追随
する実行力が求められる。

　ここまで、トランジションの芽を作り、それを段階的に育てていく過程で
必要とされる人々の行動や能力を見てきた。あるひとつのトランジションの
プロセスに着目するとき、持続可能な社会の構築に必要な能力としてまとめ
られたウィークの５つの持続可能性キー・コンピテンスは、非常にうまくフ

ィットする。しかし一方で、トランジションはひとつのテーマ・分野の中だけで完結するものではなく、また一巡のプロセスだけで終わるものでもない。ある分野でのトランジションが他の分野に影響をおよぼしたり、一時安定状態に達した後に新たに見直しが必要とされたりすることもあるだろう。こうしたトランジションの伝播性や連続性までを考慮する場合、そこにはこれまでの取り組みを批判的に検証する能力や、問題に対して自分自身がどのように向き合うのかという自己認識などの内省的な能力、さらには異なる領域を連関させて問題を解決しようとする統合的問題解決能力など、UNESCOによる持続可能性キー・コンピテンスに含まれる能力の重要性が増してくる。トランジションをより深く、連続的に捉えた際に求められる能力については、さらなる研究が必要だろう。

　次章以降では、実際のトランジション事例の中で人々がどのように能力を活かして活躍したのかや、社会と人との相互作用の中で、トランジションで活躍できる人をどのように育成していくのかについて述べていきたい。

注

（1）環境教育概念の歴史的進展については、［佐藤真久（1998）環境教育の概念と定義―1970年代以降の主要会議・論文のレビューを通した国際的動向と環境教育概念の歴史的変遷、IGESワーキングペーパー、地球環境戦略研究機関］、［佐藤真久・阿部治・マイケルアッチア（2008）トビリシから30年：アーメダバード会議の成果とこれからの環境教育、環境情報科学、環境情報科学センター、Vol.37、2、pp.3-14.］に詳しい。

（2）ESDで重視する態度・能力のうち、批判的に考える力とコミュニケーションを行う力は、持続可能性キー・コンピテンスとは別に、基本的なコンピテンスとして整理されている。

（3）国立教育政策研究所（2012）は、「持続可能な社会づくりの構成概念」として、多様性、相互性、有限性、公平性、連携性、責任性、を提示し、①人を取り巻く環境（自然、文化、社会、経済など）に関する概念と、②人（集団、地域、社会、国など）の意思や行動に関する概念の2つに大別している。

（4）近年の議論では、これらの資質・能力を高める上でも、社会・情動的知性（Social Emotional Intelligence, SEI）の重要性が指摘されている。SEIは、持続可能な世界へのパラダイム・シフトを進めるには、論理的な思考や物事の進め方の

限界を自覚し、感情や関係性というこれまで非合理的とされてきた領域にまでを視野に入れることの大切さを指摘しているものと考えられる。同時に、情動的知性（emotional intelligence）や社会的知性（social intelligence）の注目の背景には、社会心理学や行動経済学、脳科学などの進展も大きく影響している。それは不合理さを扱うこと以上に、人間を包括的に理解することによって、人間の持つ総合力を発揮できるような知性のあり方と考えることができよう。

参考文献

Crick, B.（2000）Essays on Citizenship, Continuum Intl Pub Group, London.

de Haan G.（2010）The development of ESD-related competencies in supportive institutional frameworks, International Review of Education, Vol.56, pp.315-328.

Geels, F.W., McMeekin, A., Mylan, J., Southerton, D.（2015）A critical appraisal of Sustainable Consumption and Production research: The reformist, revolutionary and reconfiguration positions, Global Environmental Change, Vol.34, pp.1-12.

North American Association for Environmental Education（2011）Developing a framework for assessing environmental literacy. Washington, DC.

OECD（2005）The Definition and Selection of Key Competencies Executive Summary.

Roth, C. E.（1992）Environmental literacy: Its roots, evolution and direction in the 1990s, ERIC Publications; Reports, Washington, DC.

Rotmans, J., Kemp, R. and Asselt, M.（2001）More Evolution Than Revolution Transition Management in Public Policy, Camford Publishing Ltd.

Simmons, D.（1995）Developing a framework for national environmental education standards. Working paper no.2: Papers on the Development of Environmental Education Standards（pp.53-58）. Troy, OH: NAAEE.

Stern, P.C., Dietz, T., Abel, T., Guagnano, G. A., and Kalof, L.（1999）A value-belief-norm theory of support for social movements: The case of environmentalism, Re-search in Human Ecology, Vol.6 No.2, pp.81-97.

Stern, P.C.（2000）Toward a coherent theory of environmentally significant behavior, Journal of Social Issues, Vol.56, No.3, pp.407-424.

UNESCO（1977）Intergovernmental Conference on Environmental Education Final Report, Paris

UNESCO（2017）Education for Sustainable Development Goals, Learning Objectives, Paris.

Wiek, A., Withycombe, L. and Redman, C.L.（2011）Key competencies in sustainability: a reference framework for academic program development Sustainability Science, Vol.6, pp.203-218.

Wiek, A., Bernstein, M.J., Foley, R.W., Cohen, M., Forrest,N., Kuzdas, C., Kay, B. and Keeler, L.W.（2016）Operationalising Competencies in Higher Education for Sustainability Development, Routledge handbook of Higher Education for Sustainability Development Chapter 16, pp. 241-260.

Wilke, R.（1995）.Environmental Education Literacy/Needs Assessment Project: Assessing environmental literacy of students and environmental education needs of teachers; Final Report for 1993-1995, University of Wisconsin.

国立教育政策研究所（2012）学校における持続可能な発展のための教育（ESD）に関する研究：最終報告書

小玉敏也（2015）学校ESD実践における「能力育成論」の考察、環境教育、Vol.25, No.1, pp.132-143.

佐藤真久、岡本弥彦（2015）国立教育政策研究所によるESD枠組の機能と役割―「持続可能性キー・コンピテンシー」の先行研究レビュー・分類化研究に基づいて―、環境教育、Vol.25,No.1、pp.144-151.

佐藤真久、高岡由紀子（2014）ライフスタイルの選択・転換に関する理論的考察―多様なライフスタイルのシナリオ選択を可能とする分析枠組の構築―、日本環境教育学会関東支部年報、No.8、pp.47-54

白井俊（2020）OECD Education 2030プロジェクトが描く教育の未来―エージェンシー、資質・能力とカリキュラム―、ミネルヴァ書房、京都

諏訪哲郎（2018）学校教育3.0　三恵社

コラム5 「人づくり」の目的とその変遷

　本書のタイトルにも含まれている「人づくり」について、整理しておきたい。人づくりを語るうえで最も重要なのは、その「人づくり」によってどんな人を育成し、どのように活躍してもらおうとしているのか、ということだろう（人づくりのもう一つの重要な要素である「場」については、第6章2.2節を参照してほしい）。

　現在のような公教育制度が整備される19世紀以前は、家庭、職業学校、職場等において、各個人が生きていくために必要な技能や知識を身に着けることが人づくりの主な目的であった。生きていく術と直接関係のない「教養」を身に着けることは裕福な支配層の特権だったと言える。こうした特定の業務を円滑に遂行できる能力習得を目的とした人づくりは、現代社会では職場で実施される研修等のキャパシティ・ビルディングに見ることができる。

　19世紀後半に公教育制度が整備されてから1970年代頃までは、国家に役立つ人材を大量に養成することが、公教育における人づくりの主目的であった。諏訪（2018）はこれを「国家国民型教育システム」と名付けている。しかし1970年以降、グローバル化や情報化が進み、産業や社会の構造が大きく転換するのに伴い、人づくりの目的も、大量に均質な人材の育成から、世界に通用するハイレベルな人材の育成を目指す「資質・能力重視教育システム」へと移行した。この背景には、個人がより条件の良い仕事に就き、豊かな人生を送るという個人のウェルビーイングを重視する考えと、グローバルな競争が激化する産業界にとって有意な人材を育成したいという産業界の思惑がある。こうした競争原理に則って個人の資質・能力の向上を目指す教育は、能力豊かな個人を育成する一方で、若者の社会参画意識や自己効力感を低減させる等の課題を指摘する声も大きくなってきた。

　2005年に持続可能な社会の実現を目的とした教育であるESD（Education for Sustainable Development）に重点的に取り組む10年が始まり、2015年には持続可能な社会に向けた世界の目標SDGs（Sustainable Development Goals）が掲げられた。こうした社会の「持続可能性」を重視する流れは、人づくりの本丸である学校教育にも影響を及ぼし始めている。2020・2021年から実施されている小中学校の新学習指導要領では、「社会に開かれた教育課程」がキャッチコピーとして掲げられ、前文には「持続可能な社会の創り手になることができるようにする」と記されている。明らかに人づくりの目的が「個人」の能力習得から、「社会」の担い手づくりに重心が移ってきていると言えるだろう。本書ではこのような背景を踏まえ、個人が社会と関りながら学ぶことによって、個人変容と社会変容の両方を促し、持続可能な社会を実現するための方策をテーマとしている。

［森　朋子］

第4章

トランジション・ストーリーから理解する「人」の役割

松浦 正浩

第1節　トランジションにおける科学技術の進展と「人」の役割

　持続可能社会へのトランジションを加速させる必要性や理論、能力は第1〜3章にて明らかにされたが、では実際に、トランジションは誰かの意図によって発生させたり、促進させたりすることは可能なのだろうか。

　たとえば、トランジションの身近でわかりやすい事例として、禁煙の広まり、クールビズの導入、公衆電話から携帯電話へのトランジションなどが挙げられるが、これらに「人」が介在した余地はあったのだろうか。科学技術の進化がこれらのトランジションを誘発したに過ぎないのかもしれない。たとえば、受動喫煙による健康影響が科学的に明らかにされたことで、禁煙や分煙が広まったのかもしれない。携帯電話も、無線通信の技術が進化し、低コスト化したことで、広まっただけかもしれない。

　持続可能社会へのトランジションを考える際も、技術的な解決策の模索や、科学技術コミュニケーションによる行動変容に目が行ってしまうかもしれないが、「人」が主体的な役割を果たす場面はあるのだろうか。そこで本章では、日本国内の地域づくりにおいて、トランジションと考えらえる2つの事例について、その詳細を見ていくことで、「人」が果たす役割について考えてみよう。

Key Word：フロントランナー、上勝町、1Q運動、Iターン・Uターン、南相馬市、ロボットテストフィールド、小高ワーカーズベース、起業家精神、非常事態

85

一つ目の事例は、徳島県上勝町において、過去30〜40年程度の間に進んできた持続可能なまちづくりに向けたトランジションである。1980年代に発生したある出来事をきっかけに、従来とは大きく異なる実験的な取り組みが町内各地で発生し、いまでは国内の「地方創生」の文脈で先進事例として参照される事例である。もう一つの事例は、福島県南相馬市における、東日本大震災以降の取り組みである。同市における官民さまざまな取組は、単なる復旧ではなく、むしろ震災以前から存在した人口減少、若者流出等のトレンドから脱却し、持続可能なトランジションが意図されている。

　これら2つのトランジション・ストーリーを読み解くことで、トランジションにおける「人」の役割について、検討を進めていく。

第2節 「2・26事件」からのトランジション（徳島県上勝町）

2.1　Iターン、Uターンに成功した上勝町

　徳島県上勝町は、徳島市街地から県道を走らせること車で1時間強の山あいにある、人口1,400人を切る小さな町である。典型的な中山間地の集落が散在しており、日本の原風景と言われれば確かに美しい風景が広がっているものの、町の高齢化率は55.9％（2020年国勢調査）に達しており、いわゆる限界集落の集合体と言えなくもない。しかし上勝町は、世界中から視察に訪れる人々が絶えない先進的な町として、地方創生や環境政策の文脈では有名な町である。

　読者も、「葉っぱビジネス」と聞けば、「ああ、あの町のことか」と思い出すかもしれない。農協の営農指導員であった横石知二氏と町内の高齢者（主に女性）が中心となり、高級料亭の料理に添えられる「つまもの」（枝、葉など）を山林から集め、「彩（いろどり）」というブランドで大阪方面に出荷する事業を1980年代中盤にスタートさせた事例は、全国で放映された映画の題材となるほどに有名なサクセスストーリーである。この事例はひとつのトランジションの成功事例とみることができるだろうが、実は、上勝町には、

他にもさまざまなフロントランナーたちによる取り組みが存在してきた。それらのなかに「彩」を位置付けることで、上勝町が経験したトランジションの深さを理解することができるはずである。

　もう一つ、上勝町といえば「ゼロ・ウェイスト」の取り組みも有名である。町から廃棄物を排出しないために、45分別の資源化が行われており、この事業も視察者を多く呼び寄せている。しかし、上勝町はもともと、廃棄物行政では大きく後れをとっていた。人口が少ないため、都市のような大規模な廃棄物処理施設を整備することは困難で、ゴミの野焼きを1980年代でも継続していた。徳島県庁から指導を受けても野焼きを強行していたというほどである。容器包装リサイクル法の施行を受け、抜本的な対策を迫られ、もともと野焼きを行っていた場所でゴミの分別を始めたというのが契機である。こうしてみると、当初から町政に何か高邁な思想があってゼロ・ウェイストが始まったのではなく、むしろ国の法制度に対応するため仕方なく始めた取り組みが、結果としてリープ・フロッグともいえる超先進的な取り組みになってしまった、とみることもできる。

　「彩」や「ゼロ・ウェイスト」といった個別の取り組みだけを見ていると、まさに木を見て森を見ずで、上勝町の本当のトランジションの流れを見失ってしまう。むしろ、これらの事例の背景にある上勝町の構造転換として、都市住民のIターン、Uターンの重要性を理解する必要がある。笠松和市前町長の2008年の著作によれば、Iターン、Uターンで上勝町に定住した人数は125人で、人口の6％を占めるとされている（笠松・佐藤 2008：185）。また、最近の町役場による調査では、2015年から2019年に移住した139人のうち71.9％が定住していることを確認したとのことである。実際、横石氏が社長をつとめる「いろどり」の事業会社（株式会社いろどり）の社員には20〜30代の移住者が多い（横石 2015：13）ほか、「ゼロ・ウェイスト」を支えるNPO法人の立ち上げも移住者であった町の臨時職員が中心的役割を果たした。他にも、キャンプ場（パンゲア）、棚田のそば処（あさかげ亭）、映像制作集団（上勝開拓団）、旅行会社（かみかツーリスト）など、多くの新規事

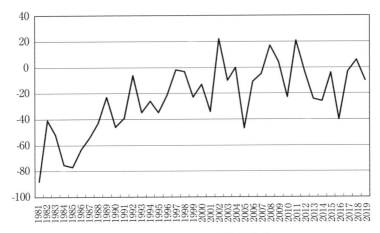

図4-1　上勝町人口の社会増減

（上勝町ホームページ「人口状況（住民基本台帳）」より）

業が移住者によって起業されている。

　つまり、上勝町のトランジションを考えるとき、「彩」など個々の取り組みも重要であるが、メゾレベルにおいてIターン・Uターンによる移住がかなり進んでいることを見落としてはならない。実際に統計で検証してみると、人口の社会増減については、1990年代から社会減の傾向に歯止めがかかり、2000年以降には転入超過となった年が数回存在している。

　また、25歳〜39歳の年齢層に着目すると、実数としては減少傾向にあるものの、人口に占める割合でみると2000年代前半には下げ止まり、以降、10％台を維持している。

　このように、上勝町における「いろどり」や「ゼロ・ウェイスト」成功の背景として、フロントランナー的役割を果たせる若者の移住者を積極的に呼び込むことができた点は見逃せない。では、上勝町はいかに、構造転換を実現できたのか。それは1981年の上勝町における「2・26事件」まで、歴史を振り返ることになる。

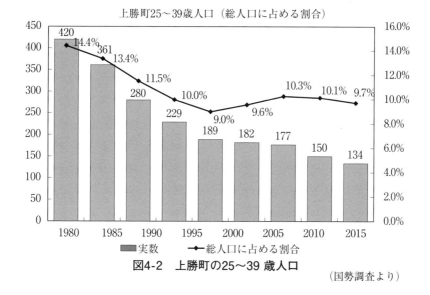

図4-2　上勝町の25〜39 歳人口

（国勢調査より）

2.2　トランジション前夜

　上勝はもともと、林業が盛んな地域であった。国の林業政策にしたがい、戦後には大規模な植林も進められてきた。町の総面積10,963haのうち森林は9,691ha（約88％）を占め、そのうち人工林が7,730ha（約80％）を占めている（上勝町景観計画 2019）。「上勝町の林業が最盛期にあった1960年、林業従事者は580人を数え、12の製材所と２つのチップ工場では約200人を雇用」していた（笠松・佐藤 2008：150）。しかし、為替レートの変化や外材の輸入拡大により、日本国内における木材価格は急落した。「徳島中央森林組合上勝木材共販所における2005年度の年間価格は１立方メートルあたり8,817円台と、３万8,164円を記録した1979年の４分の１以下にまで暴落」している（笠松・佐藤 2008：154）。実際、国の統計を見ても、1980年をピークに素材価格は低迷の一途をたどっている。

　さらに、国の植林政策にしたがって密な植林を行ったため、間伐が必要となったものの、価格低迷の結果、間伐材を市場に出しても利益ができないと

図4-3　製材用素材価格の推移（すぎ中丸太）

（農林水産省「木材価格統計調査」より）

いう問題が生じた（笠松・中島 2007：72）。このようなことから、1980年代以降、林業を中心とした経済に対して、トランジションが必要とされていた。

　しかし「2・26事件」ほど、上勝町に影響を及ぼしたできごとはないだろう。この事件が、トランジションを一気に後押しすることになる。言うまでもなく、ここで言う「2・26事件」とは、1936年の青年将校によるクーデターのことではない。

　上勝町は林業だけでなく、山間部の地形を生かした農業として、戦後、温州みかんの生産拡大が進められた。勝浦川の下流寄りの旧高鉾村の地区ではみかんの生産で経済が潤ったそうであるが、これも木材同様、海外からの青果の輸入拡大の影響を受け、1970年代には需要低迷の問題に直面していた。そのような厳しい市場環境のなか、1981年2月25日から27日にかけて、四国南部を大寒波が襲った。最低気温はマイナス13度に達し、120haあったみかん園では、たった一晩でその8割が枯死し、被害総額は25億円に及ぶ壊滅的な打撃を受けた（笠松・佐藤 2008：44）。これが上勝町の「2・26事件」である。それまでも経営が厳しかった温州みかんの生産に最後の一撃となり、上勝町の農業は抜本的な見直しを迫られることとなった。

2・26事件は甚大な被害をもたらした。農家には、枯死したみかんの木を切り倒すことしかできなかった。しかしこの悲劇こそが、いまの上勝町へと導くトランジションの始まりとなったのである。

2.3　緊急対応としての「彩（いろどり）」

以前から温州みかんの価格低迷問題を抱えていたため、2・26事件を契機に、町として、農業の多角化に舵を切ることになる。町役場に寒害対策推進本部が設置され、枯死したみかんの木を処分するとともに、スダチなどの香酸柑橘類への転換を進めた。さらに、ワケギやホウレンソウなどの夏野菜の生産を翌1982年から、花き類、そして林業の副業としてのしいたけ栽培を1984年から開始した（笠松・中島 2007：83）。その結果、「寒害の前年、1980年に7品目しか出荷してなかった作物の種類は84年には24種類に増え、農業生産額を約2.6倍に増加」させることができた（笠松・佐藤 2008：46）。まさに、2・26事件を契機として、上勝町における農業の構造改革を一気に成し遂げたのである。

また、「彩」事業のスタートもこの寒害が大きな後押しとなっている。みかんに代わる基幹作物の確立を目的に1978年に町と農協が営農指導員を配置することとなり、当時、農業大学校を卒業したばかりの横石氏が採用された（笠松・佐藤 2008：45）。彼が痛風になるなど自己犠牲を払いながら、壊滅的な打撃を受けたみかんに代わる作物として、さらなる高付加価値の作物を模索した結果が、かの有名な「葉っぱビジネス」であり、1986年から出荷が始まっている。

これらの取り組みの結果、1990年には勝浦郡農協上勝営農部会として「彩」事業が「朝日農業賞」を受賞する。この受賞は町にとって大きな出来事であったようで、防災無線用のスピーカーで受賞の一報が放送され、町民が自信をつけるきっかけとなった（横石 2007：97）。

1981年の2・26事件を契機に構造転換に取り組んだ結果、全国で表彰を受けるまでの成果を残したのである。しかしもし、これらの農業分野の取り組

みで終わっていたら、上勝町はいまの上勝町とはなっていなかったであろう。

2.4　活性化振興計画という名のトランジションの基盤形成

　上勝町では、1989年より「活性化振興計画」の策定に取り組み始める。1988年12月に岡山大学農学部の目瀬守男教授が県長期農業振興計画策定に際して来町の際、当時の大久保常雄町長と面談、町の活性化について議論されたことがきっかけとなり、1989年以降、目瀬教授のグループ（経済学部坂本忠治教授、教育学部木原孝博教授）の指導を受けながら、「活性化振興計画」が検討された。その予算は、竹下内閣の「ふるさと創生」資金のうち700万円余が充当された（笠松・中島 2007：85）。

　目瀬教授は、地域活性化を「新しい望ましい地域目標に向かって現状を転換し、ジャンプしていく動き」と定義している（目瀬ほか 1992：1、目瀬 1998：217）。まさにトランジション・マネジメントと同様の思想が当時から存在し、1989年の上勝町においてそれが実行されていたのである。

　具体的には「シャトル・サーベイ」と呼ばれる方法論が指示された。町役場職員は、集落と役場との橋渡し役となり、何度も往復することになる。まずは集落レベルの座談会で意向を捕捉し、それを役場に上げて検討したうえで、結果を集落に戻す、そのようなやりとりを繰り返すことが求められた。

　シャトル・サーベイにより、町役場職員だけでなく地域住民も含めて、上勝町の活性化を自分ごととして取り組む（取り組まされる）環境ができた。頻繁に開催される座談会等への出席は当初、地域住民にとって負担となったようではあるが（笠松・中嶋 2007：86-87）、結果として、上勝町におけるその後のさまざまな活動の基盤ができたと言えよう。

　1991年12月に完成した「活性化振興計画」は、「いっきゅうと彩の里・かみかつ」をキャッチフレーズとして、コミュニティ形成、産業振興、住環境形成、行政の体制について言及している。「いっきゅう」とは、目瀬教授の発案であり、葉っぱビジネスという「一休さん」的発想から連想し、住民ひとりひとりが、一つの疑問、すなわち「1Q」を抱いて解決に取り組む姿を

示している。この「いっきゅう」を軸とした活動が、その後の上勝町のトランジションに大きな影響を与えたと考えられる。

　上勝町では「1Q運動会」がスタートする。町内5地区それぞれに、6名の住民委員と3名の町職員が組織化され、「いっきゅう」の思想の下に住民自身による独自の地域づくりの活動が地区ごと展開された。また1993年以降は2年に1度、「運動会」として5地区の活動を審査し、順位を決めて表彰する活動が行われてきた（笠松・中嶋 2007：60-61）。ほかにも「1Q塾」など多様な活動が「1Q」の名の下で展開され、これらが住民主体の活動活性化を誘発したといえる。

　また町では、「活性化振興計画」で言及された若者定住促進の実行策として、町営住宅の建設を推進してきた。「ふるさと創生」資金を利用して町営住宅用地を購入し、町営住宅を複数建設してきたほか、1999年には廃校となった福原小学校の建物を利用し、1階に事業用スペース、2階以上を居住用の「複合住宅」として転換して賃貸している。これらの住宅整備は、その後のIターン・Uターンの移住者による活動を活性化させるうえで重要な足掛かりとなった。

2.5　連鎖する現場のトランジション実験

　90年代以降の上勝町では、活性化振興計画の成果が農業以外の部門で徐々にあらわれはじめ、2000年代にかけて、さまざまなフロントランナーたちによる多種多様な活動が花開き始める。

　その初期の活動として、棚田保全の取り組みが挙げられる。1995年に町役場の職員であった谷崎勝祥氏が「棚田を考える会」を発足、1996年には町が支援し「棚田フォトコンテスト」が開催され（鎌田ほか 1997）、その後樫原地区や八重地地区で棚田保全活動が活発化していく。棚田保全の活動は、1999年に樫原の棚田が「日本の棚田100選」に選ばれたことで、町内におけるその地位を確立していく。まさに、「彩」が農業賞を獲得したときと同じ構図である。また1998年頃には、八重地の棚田を圃場整備し、平地で見られ

図4-4　上勝の棚田

（筆者撮影）

るような方形に区切られた、棚田とは全く異なる農地へと「整備」する計画が県から提示される。しかし、棚田そのものの美しさを保全したいという声が町内から上がり、地区の農家の意向を反映しながら、棚田らしい曲線を取り入れた形の圃場整備計画へ変更されることとなった。

2001年には旧福原小学校の１階事務所区画に、澤田俊明氏が「環境とまちづくり」社を起業し、町内の棚田の保全と利用に関わるさまざまな活動を支援していく。2004年には上勝自然体験学習会、2005年以降は新たに立ち上がったNPO法人郷の元気を事務局とする、棚田オーナー制をスタートさせた。これは都市住民などが、所定の料金を支払うことで、樫原の棚田において農作業体験ができるとともに、収穫された玄米を一定量貰える仕組みとなっている。

これは食品の消費行動における大きなトランジションを示唆する実践といえる。大都市では誰が生産したかわからない無差別なコメをできる限り安価

な市場価格で購入するが、オーナー制は、費用を払ってまでも生産活動に従事し（すなわちマイナス賃金）、そして市場よりも高い価格で生産物を購入するという、通常の市場経済ではありえない仕組みである。しかしこれが実現するのも、大都市の消費者は、棚田での生産体験（地域の人々との交流等も含む）に非常に大きな価値を見出しており、それは対価を得るための労働ではなく、対価を支払ってでも消費したい経験なのである。棚田オーナー制度の考え方自体は、高知県梼原町で1992年から実践されている決して新しいものではないが、棚田での体験から収益を得る仕組みは、「彩」と同じく、地域住民がその価値に気付いていなかった資本を活用するトランジションの可能性を示した実践例と言えよう。

　ごみ問題も1990年代から急速に深刻化していく。1990年代中頃まで各世帯による野焼きが一般的で、「町にはごみ処理に巨額の投資をする意思もなければ財源もなかったので、県から指導を受けても野焼きを続けて」いたというほどである（笠松・佐藤 2008：85）。しかし、時代の流れに逆らうことはできず、1997年の容器包装リサイクル法の施行に伴い、一気に19種類の分別を行うことになる（笠松・佐藤 2008：92）。分別されたものでなければ業者が資源として引き取ってくれないので、結果として19種類となり、その後さらに業者を探した結果、25種類、34種類、そして現在では45種類と分別の種類が増えていくことになる。

　このトランジションは決して容易であったわけではなく「ごみを野焼きしていたわけですから、町民には暮らしの大転換を求めることになる。職員は55の集落を回り、声を枯らして説明を繰り返し」たそうである（笠松・佐藤 2008：93）。また、日比ケ谷地区にあるごみステーションへのごみの持ち込みが必要となり、自動車を持たない高齢世帯への支援が必要となったが、地域住民の有志がボランティアグループを発足し、近隣高齢世帯のごみも自宅のごみと一緒に搬出することで一定の解決をみた（笠松・佐藤 2008：98）。まさに「1Q」の理念が住民に行きわたっていたがゆえに可能であった解決策といえよう。

しかし当初はあくまでのごみの分別問題であり、「ゼロ・ウェイスト」という単語は使われていない。2003年に米国から視察・講演にきた大学教授によって「ゼロ・ウェイスト」の概念が導入された（笠松・佐藤 2008：116）。その後、2005年には町の臨時職員として雇用された、西宮出身のIターンの若者（直前までデンマークに留学中）が中心となってNPO法人「ゼロ・ウェイスト・アカデミー」が発足し、先述の地元ボランティアグループの代表者が理事長を務めることとなった（笠松・中嶋 2007：97-99、笠松・佐藤 2008：99）。この臨時職員も、法人発足後は事務局長となり、町の廃棄物ゼロに向けた目標に取り組むことになる。もともとは瀬戸内海の豊島の産廃問題に関心を持って研究していたということで、「1Q」をベースとした地域による自助的な活動を発展させ、より高度な専門知識を有する移住者がフロントランナーとなる活動が、上勝町で展開されることになった。

棚田やゼロ・ウェイストは、1Qから始まった町民の動きが、2000年代に入って、地域外からの移住者がコミットすることで大きく発展した活動だといえよう。また、2000年代以降、1Qとは直接関係のない、移住者が自発的に始める活動も目立ちはじめる。

しかし、「活性化振興計画」以降のすべての取り組みが「成功」したわけではない。1990年代前後には、「彩」事業と並んで、しいたけ栽培の拡大に町は注力していた。活性化振興計画でも、振興作目の一つ目がしいたけで、二つ目に「彩り農業」が続くというほど、期待されていた。原木による栽培から菌床による栽培に切り替えるため、1991年には第三セクターとして㈱上勝バイオが設立され、町内で産出された木材のおがこを使って菌床を作り、しいたけ農家等へ販売してしいたけ生産を拡大する、という計画が実行された。実際、しいたけ農家として「1993年から2年間で7世帯の若い家族が移住し、Iターンした世帯のほとんどが建設したばかりの町営住宅に入居」した（笠松・佐藤 2008：75）というほどで、当初の経営は順調であったようである。しかし、中国産の安価なしいたけが流通するようになり、「上勝バイオを設立した当時、1キロあたり1,700円ほどだった価格は、2005年には

700円台と2分の1以下にまで低落」（笠松・佐藤 2008：78）することとなった。結局、2016年には販売不振により上勝バイオの休業が決定され、最終的には2017年に小松島市の大手菌床しいたけ農園の傘下に入る。このように、さまざまな取り組みのなかには、トランジションの流れの中で定着せずに、消えていく取り組みが存在することにも注意が必要だろう。

2.6　多くの「人」たちが活躍できる基盤の大切さ

　最後に、これまでに見てきた、上勝町のトランジションを整理してみよう。1980年代に入り、林業とみかん農業の持続可能性の低さが際立ち始めたところへ、マイナス10度を下回る寒波が襲来。1981年のいわゆる「2・26事件」により、みかんの木が一夜にして枯死したことで、構造改革の必要性が誰の目にも明らかになった。この事件がなければ、その後の上勝のトランジションは、現在のような形では起きていなかったかもしれない。

　みかん農業が壊滅したことで逆に、1980年代のうちに農業関係の構造改革を一気に進めることができた。横石氏を中心とした「彩」事業の朝日農業賞受賞はその後の活動の起爆剤となり、まさに持続可能な農業へのトランジションにおいてフロントランナーとしての役割を果たしている。しかし、横石氏自身は、「彩」事業の開発と推進に際し、長時間労働で全く休まず、健康を害したり、給与を家計に入れなかったり、育児に全く参加しなかったり（横石 2007：43、69-74）と、著作の記述が真実なのであれば、フロントランナー自身としての持続可能性が乏しい。実際、1996年（当時37歳）には異なる業種への転職を検討し、農協に辞表を提出している（横石 2007：108-112）。横石氏がフロントランナーのおひとりであることは間違いないが、「彩」事業だけでは上勝町のトランジションは拡大・持続できなかったのではなかろうか。

　むしろ、1990年前後の「活性化振興化計画」策定を通じて生まれた「1Q」の取り組みに、町職員と地区住民が主体的に巻き込まれ、結果として各地区の中でフロントランナーが出始めた、あるいは活動を始めやすい土壌ができ

た点に注目すべきだろう。そして、1990年代には町職員や住民などが自ら問題解決に取り組むようになり、棚田保全やごみ問題について自主的に取り組む、フロントランナーが複数出始める。彼らの個人名は上勝町外ではあまり知られてないかもしれないが、確実にフロントランナーとしての機能を果たしている。

　それが2000年代にはいると、移住者がフロントランナーとしての活動を引き継ぎ、発展させたり、あるいは独自のフロントランナー的活動を始めたりするようになる。これも、2000年代になっていきなり移住者が増えたわけではなく、1990年代に移住者受け入れのための住環境を、「ふるさと創生」資金などを利用して整備してきた成果が花開いた結果である。たとえば現在では国内外にまで知られるようになった「ゼロ・ウェイスト」の取り組みも、地元のフロントランナーによるごみ減量対策の活動を、町役場の臨時職員となった移住者の若者が2005年に発展させたものだ。

　そして、1980年には古典的な林業とみかん農業を中心とした過疎のムラに近かった上勝町も現在、移住者を中心にさまざまな新規ビジネスが展開される町となり、人口の社会移動がゼロに近くなり、移住者が町人口のなかで一定の割合を占めるにまで至ったのである。

　上勝町の事例は、トランジションのフロントランナーは決してひとりの個人ではなく、多様なフロントランナー「ズ」（複数形）が、さまざまな取り組みを時宜に応じて始めようとする環境を整えることこそが、トランジションの鍵であることを示している。上勝町の場合、それが「活性化振興計画」を通じた「1Q」の取り組みや、移住者を受け入れる住環境整備などである。これらの取り組みは、本書で扱う、現在「トランジション・マネジメント」と呼ばれている取り組みを、30年前に実現できた貴重な事例である。

　いわゆる「地方創生」に成功したとされる国内の町村はほかにも多数、存在するだろう。そして、そういう事例のなかでは、それぞれの事例のフロントランナー個人（「仕掛け人」「リーダー」など）に注目が行きがちである。しかし読者には、むしろその背景にある「基盤」は何だったのかを知ること

の重要性を、上勝町の事例から感じ取っていただきたい。

第3節　東日本大震災からのトランジション（福島県南相馬市）

3.1　若者を取り戻しつつある南相馬市

　2011年3月11日午後2時46分、東北地方太平洋沖地震が発生。地震の揺れによる被害以上に、巨大津波が青森から千葉にかけての沿岸の街並みを襲い、2万人に近い方々の命を奪った。そして、福島第一原子力発電所の原子炉がメルトダウンを起こし、発電所北西側の地域に大量の放射性物質が拡散した。

　福島県の浜通り地域の人々は、地震、津波、原発事故という3重の複合災害から、計り知れない影響を受けることになった。大熊町、双葉町などの一部は長年、帰還困難区域に指定され、人々が生活もできなかった。しかし周辺の地域では、2014年以降、徐々に避難指示が解除され、帰還した人々を中心とした生活が始まっている。

　太平洋に面し、福島第一原発から最も近いところで約10kmに位置する南相馬市も、東日本大震災によって甚大な被害を受けた。沿岸部の土地利用は主に農地であったが、津波によって600名以上の方がお亡くなりになり、住宅も1,000世帯以上が全壊した。また、内陸部でも3,500世帯以上の住宅が震度6の揺れで半壊・一部損壊したほか、沿岸部の農地の32%が津波によって流出・湛水した。そして、市の南側1/3を占める小高地区の大部分が、原発事故により避難指示区域に設定され、地区の人々は、突如追い出されるかのように、長期避難を余儀なく迫られた。

　南相馬市のその後の復興において大きな課題の一つが、人口問題である。震災前には7万人を超えていた人口が、2012年には4万5千人にまで減少した。市の1/3を占める小高地区が、2016年まで原子力災害による避難指示区域であったことから、大幅な減少は当然とはいえ、2021年現在でも6万人を切っている。また人口減少の大半が、いわゆる生産年齢人口の15〜64歳の年齢層にあたり、復興において、急上昇した高齢化率にも対応する必要に迫

られている。一時避難から帰還された方々も多いとはいえ、特に小高のように数年間にわたる避難が続くと、避難先での生活や人間関係が安定し、家族として帰還しない、できない世帯が多くなるのも理解できる。また、もともと都会での生活にあこがれていた層が、震災を機に都会へ出てしまい、戻ってこないという事態も十分考えられる。結果、震災前の総合計画で2035年に到来すると予測していた人口構造が、20年前倒しで実現しまうことになった。

このような状況でもし、南相馬の人々が原状復旧にだけ取り組んでいたとしたら、南相馬市は結局、震災で加速した高齢化のトレンドを維持することしかできなかったであろう。南相馬市では震災直後、除染が大きな政策課題となったが、元に戻すだけの除染や高台移転のような施策では、震災以前から存在する、人口流出という本質的な社会問題のトレンドも止められないだろう。

震災直後からこの課題を指摘していたのが、当時南相馬市議会議員であった但野謙介氏である。震災により多くの市民が一時避難し、町から出て行った。そして除染などの作業が進み、ある程度復旧が進んでいた2014年頃、高齢者たちは町に戻ってきたにもかかわらず、若者たちは南相馬に戻ってこない現実を見せつけられる。但野氏は「除染と賠償が被災地の未来を形づくることはない」と言い切り、未来志向の新しい取り組み、すなわちトランジションの必要性を当時から訴え続けてきた。

そしていま、南相馬市には若者が徐々に戻りつつあるように見受けられる。住民基本台帳のデータではあるが、年齢構成を詳しくみると、興味深い傾向が見られる。福島全県や県内の市町村で見ると、人口の中で20〜29歳が占める割合は震災以降、2015年頃に一時的な増加は見られるも、基本的に減少傾向にある。しかし南相馬市だけは、2018年以降、下げ止まりの傾向がみられ、最近は微増傾向が見られる。

これは、単なる復旧ではない「何か」が、若者層の流出を食い止めている、あるいは流入をもたらしているのではないか。実際、南相馬市における震災復興の取り組みを見ると、これからの持続可能な南相馬に向けたトランジシ

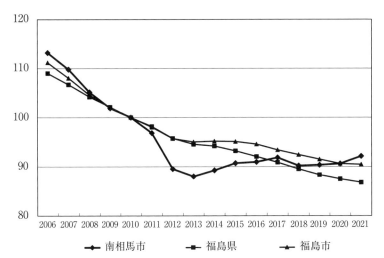

図4-5　総人口に占める20〜29歳人口の比率（2010年を100とした指標）
（総務省 住民基本台帳に基づく人口、人口動態及び世帯数調査 より）

ョンのきっかけとなりそうな動きが、いくつも見られるのだ。

3.2　最初のフロントランナー

　市内で最初に目立った取り組みは、小高地区出身で元東京電力役員であった半谷栄寿氏が中心となり、2013年に運用が開始された「南相馬ソーラー・アグリパーク」であろう。半谷氏は小高区の主要な工業製品であった珪砂工場の経営者の長男として育ったが、東京電力に就職、実家などとの関係を維持しつつ主に東京を生活の拠点としてきた。しかし震災後、原子力事故への責任と地元復興への思いに駆られ、東京から支援物資の輸送等に取り組み、さらに、南相馬において事業を興すことになる。

　一般社団法人あすびと福島が運営主体となるソーラー・アグリパークは、太陽光発電と温室での農業を組み合わせた植物工場で、新しい農業の姿を実証するだけでなく、施設を用いた地元の小中高生の体験学習を通じ、復興に携わる人材育成をその目的とされた。小中高生の人材育成を経済的に持続するために始めた大手企業の社員研修では「20年先の課題を先取りして考える

研修が好評」(日本経済新聞 2015) であったとの記録もあり、まさに超長期の未来を見据えたトランジション・マネジメントと同様の思想がすでに、震災から数年後には実践されていた。また別の機会に半谷氏はインタビューにおいて、「憧れの連鎖」の重要性を主張し、「憧れの対象となる起業家が登場すれば連鎖が始まり、人材が輩出される。その始まりの手段を生み出したい。」と発言しており、これもトランジションにおけるフロントランナーの重要性が意識されていると言える(日本経済新聞 2017)。

半谷氏はその後、南相馬復興アグリ株式会社を設立し、2016年には「南相馬トマト菜園」をスタートさせる。この菜園はいわゆる最先端の植物工場で、温室内の施肥やCO_2濃度などを厳密に管理したうえで効率的にトマトを栽培する、当時としても先進的な技術が導入された。しかしトマト栽培については技術的な難しさから経営が困難となり、半谷氏は経営から身を引き、同菜園は株式会社和郷の支援の下、運営と雇用を継続している。

このように、これから見ていく南相馬市内の様々なトランジションの取り組みのなかでも、半谷氏はフロントランナーとして先陣を切ってきた。半谷氏の取り組みが後続の取り組みに与えた直接的な影響は特定できないものの、ソーラー・アグリパークに近接する場所に後述のロボット開発実証拠点が整備されるなど、フロントランナーとして緩やかな影響を与えたのではないかと推測される。

3.3 現在進行形のトランジション

現在の南相馬では、半谷氏の取り組み以外に、大きなトランジションの流れが2つ存在する。一つは福島ロボットテストフィールド、もう一つが小高ワーカーズベースである。いずれも復旧活動とは全く異なる、未来を見据えた動きである点は共通しているが、その方法論が、前者はトップダウン、後者はボトムアップと、全く異なる点で興味深い。

（1）官主導の「ロボット」のまちづくり

　福島ロボットテストフィールドは、南相馬市原町地区のなかでも、津波で大きな被害を受けた東側沿岸部に立地した、ドローンをはじめとした「ロボット」の開発実証拠点である。この施設は経済産業省が主導で検討した「原子力被災者支援」政策のひとつである「イノベーション・コースト構想」の一環で設置された。経済産業省は2014年に「福島・国際研究産業都市（イノベーション・コースト）構想研究会」を発足、その報告書の提言に、ロボットテストフィールドの設置が含まれた。なお、同研究会の委員の大部分が行政関係者であるが、東京大学のロボット工学を専門とする教授と会津大学の学長の2名のみが、行政関係以外からの参加となっており、委員の人選からしても、経産省内で事前にロボット産業を推進しようというトップダウンの意向があったことは明らかである。

　その後、表面的な動きは一時停滞するが、2017年1月には南相馬市の沿岸をドローンで荷物配送を行う実証実験がNEDOによって行われ、2018年から南相馬市と浪江町それぞれに福島ロボットテストフィールドが整備されることとなった。浪江町には滑走路のみが整備され、研究棟を含む主な施設群は津波で湛水した南相馬市原町地区東側の沿岸部、南相馬市が整備した復興工業団地の大部分を占める形で整備された。2018年には通信棟、2019年には滑走路、ヘリポート、実験用の模擬プラントが整備され、研究棟への企業の入居も開始された。また市は独自に、約1.5km離れた場所に産業創造センターを2020年に整備し、機械製作のための貸工場を設置している。

　福島ロボットテストフィールドの整備を契機として、南相馬市には、ドローンの開発企業をはじめとして約40社が新たに拠点を設けている（日本経済新聞 2021）。未来を見据え、主要産業を先取りした立地集積を図る政策はまさに地域のトランジションの加速を狙っていると言えよう。たとえば、固定翼のドローンを開発する愛知県のテラ・ラボ社は2019年に南相馬市に拠点を設置、ロボットテストフィールド入居後に、産業創造センターへ移転、そして2021年には復興工業団地に新工場を建設するなど、新規立地から事業拡大

図4-6　福島ロボットテストフィールド

（提供：福島イノベーション・コースト推進機構）

までトントン拍子で進んでいる。

　南相馬市にはもともと、精密機械工業の中小企業が多く立地しており、ロボット産業が確立することにより、ロボット製作に必要となる部品等の需要が従来の中小企業等へ波及することも期待されている。ただし、現時点では波及効果は薄いようで、地元企業がロボットテストフィールドについて期待が薄いとの見解を示している新聞報道もある（毎日新聞 2021）。また、ロボット関連のベンチャー企業等の立地により、技術者などが移住してくる可能性も考えられるが、現時点では、テストフィールドはあくまで実証施設であり、東京などの本拠地から短期滞在や日帰りで利用しに来る事例が多いようである。国際的なイベントの開催も予定されており、ホテル等の観光産業への波及も期待されてはいるが、施設の本格稼動と新型コロナウイルスの感染拡大が同時期となってしまったがゆえに、具体化できないでいる。ベンチャー企業等による地域への波及も、コロナ禍が障壁となっている可能性も否め

ない。ワクチン接種が進み、感染拡大が終息した時点で、研究者の移住や国際的な交流人口の増加など、どのような波及効果をもたらすのか。それが、ロボットテストフィールドの試金石となるであろう。

(2) 誰もいない町からの「100の課題解決」

　もう一つの大きな流れが「小高ワーカーズベース」を中心とした小高地区の動きである。小高地区はその大部分が福島第一原発から20km圏内に含まれるため、震災翌日から2016年7月12日までの間、生活の拠点としては利用できない（宿泊できない）状態が続いた。ただし、2012年4月には「避難指示解除準備区域」となったため、昼間には、震災の片付けや事業の再開は可能となっていた。しかし夜を過ごすことはできない、つまり、住むことができないので、住民は誰一人帰還できない状態が続いた。

　その間小高では、昼間に地域に戻った人たちの間で、何かをしようという動きが出始める。その一人が現在の小高におけるトランジションのフロントランナーの一人である、和田智行氏である。

　和田氏は小高の繊維業の長男として育ち、東京の大学に進学したものの、いずれは小高に戻ることを念頭に、繊維業界への就職を志す。しかし大学卒業時にはちょうど就職氷河期が始まっており、当初想定していた業界への就職が難しく、結局、ITベンチャー企業に就職する。そして経験を積んだのち、2005年には同僚1名と東京で起業し、サテライトオフィスを構えることで小高に戻ってくることができた。そして6年後、震災を経験する。

　震災時にはご両親を含むご家族で福島方面へ避難。非常に厳しい避難経験をしながら移動を続け、最終的には川越市の避難者向け住宅に落ち着かれる。会社が東京にあったため、避難後も東京での勤務を継続はできたものの、2012年末には退職し、2013年4月には会津若松へと転居する。会津では起業の専門家として創業支援の業務に携わりつつ、小高に通いながら、地域のさまざまな取り組みに関わることになる。なおこの頃には、避難を余儀なくされていた小高の住民に対し、原子力損害賠償として1人あたり毎月10万円が

図4-7　小高ワーカーズベースの現社屋（写真左は和田氏、右は但野氏）

支払われており、生活のために仕事を探さなければならないような状況ではなかったと考えられる。

　当時、小高の女性3名によって「浮舟の里」というNPO法人が立ち上がり、小高や原町の被災者が月に1回、集まって語り合う場「芋こじ会」を開催していた。和田氏もこのNPOの事務局に関わるようになる。実はこの女性たちはその後、前節で扱った上勝町を視察し、自分たちでできるビジネスを始めたいと考え、養蚕を始める。和田氏の実家が織機を扱っていたことから、和田氏の関与はこの法人にとって必要でもあったのだ。

　和田氏自身は2014年に入りNPOの活動から徐々に離れ、東京ではすでに流行し始めていた「コワーキングスペース」を小高に設けるため、「小高ワーカーズベース」を発足（同年11月に株式会社化）、被災地取材などで地域に出入りするメディア関係者などがWi-fiを使って作業できる場所の提供を始めた。また、「芋こじ会」のなかで、小高に食堂がないことが問題提起され、2014年12月から「小高ワーカーズベース」の事業のひとつとして、「おだか

のひるごはん」という食堂を、小高の高齢女性を雇用する形でスタートさせ
る。その後、ガラス工房「HARIOランプワークファクトリー小高」、仮設商
業施設「東町エンガワ商店」（南相馬市からの受託事業）などを2015年にス
タート、逆に2016年３月には役割を終えたとして「おだかのひるごはん」を
閉店する。

　小高ワーカーズベースを発足させた頃には、「地域の100の課題から100の
ビジネスを創出する」というテーゼを和田氏は唱え始める。小高は原子力災
害によって住民がゼロになり、ビジネスも実質ゼロになったことから、地域
課題を解決するビジネスを起業する場としての魅力を小高に見出したのであ
る。そのため、数々の新規事業を小高で立ち上げ、フロントランナーとして
地域の仲間を巻き込んでいく。

（3）和田氏に追随するフォロワーたち

　100のビジネスを和田氏個人と小高への帰還者だけで立ち上げることには
やはり限界があり、2017年から、Next Commons Lab（NCL）の枠組みを
利用して、地域おこし協力隊のＩターン者を小高ワーカーズベースが受け入
れることになる。NCLは元々、岩手県遠野市で林篤志氏が行っていた事業で、
総務省の地域おこし協力隊の予算を使いながら、協力隊員には派遣先の地域
での起業を目標とさせる取り組みである。南相馬市もこの枠組みを利用し、
小高ワーカーズベースに委託して、地域おこし協力隊を受け入れることにな
る。これを契機に、新しいビジネスを志す移住者が小高へと移住し始める。
３年間の隊員としての期間のうちにビジネスを立ち上げるため、IT企業を
起業する者、酒蔵を起業する者、乗馬体験を起業する者などが現れた。いわ
ば、和田氏のフォロワーともいえる存在になる。

　例えばIT企業を起業する塚本真也氏は、もともと都内でシステム開発企
業の経営者として活躍していたが、35歳にしてJICAの青年海外協力隊に応
募し、パラグアイに派遣。その後、上海、ルワンダ、インドネシアでITシ
ステム構築などに参画した後、NCLの存在を知り、それまで全く縁のなか

った南相馬への移住を決断する。JICAで途上国に派遣されるまでは、海外経験はほとんどなく、語学堪能であったわけでもないが、何か新しいことをしたいという動機で飛び出したところ、その後、数年ごとに新天地で新しい事業に取り組む人生を歩まれている。なお独身でいらっしゃるが、たまたまこれまでご縁がなかった、とのことである。小高ではICTによる地域課題の解決をさまざまな形で試行されているが、目に見える成果として、東京のIT企業のサテライト誘致に成功し、すでに移住してきた若手社員が、塚本氏の事務所の2階でシステム開発作業などに携わっている。

　フォロワーとして、塚本氏はかなり経験豊富であるが、他のNCL参加者は20代の若者がほとんどである。20代2名を含む3人のメンバーで醸造所を開業した「haccoba‒Craft Sake Brewery‒」は、日本国内の酒蔵で修行の後、「その他の醸造酒」の免許を取得し、小高の民家をリノベーションした空間で、コメを主体とした醸造酒を製造している。日本酒の醸造免許は取得が困難なため、その参入障壁を逆に生かし、コメにホップなどを加えて醸造することで、新しい種類の醸造酒を提案している。また、NCL以外にも、小高ワーカーズベースの社員として参加する若者もいる。根本李安奈氏は、小高出身だが震災で相馬市に避難、その後上京し、大学卒業後は映像制作関係の業務に携わっていたものの、自分らしい仕事ができる場として小高にIターンしている。震災のため、子供の頃からの友人が小高に残っているわけではないが、帰還した祖父母と小高で同居しながら、東京のように業務に忙殺されない日々をエンジョイしている。

　これらの取り組みは、和田氏がフロントランナーとして、民主導でフォロワーを巻き込みつつ、有機的に発展してきたものであるが、南相馬市役所でも、小高でのボトムアップの取り組みに触発され、2021年から移住定住課を発足し、移住促進を重要政策として位置付けるようになった（福島民報2021）。それまでも市役所は観光交流課の所掌として、NCLの導入など移住促進の取り組みを行ってきた。その中心人物は馬場仁氏（現・健康づくり課係長）で、2016年〜2018年にかけて杉並区へ人事交流で派遣された経験を

踏まえ、活動を進めてきた。馬場氏の取り組みで特徴的なのは、市役所の職員自身が「楽しい」とコミットできるような活動を通じてプロモーションを進めようとしている点だ。着任当初は、都内で開催される移住勧誘イベントなどにブースを出していたそうであるが、被災地だからといってブースに人が集まることはなく、むしろ温暖で風光明媚な市町村のブースに人を奪われるという、ツラい経験をされたそうである。そこから方針を替え、お役所仕事として型にはまったプロモーションではなく、職員自身が主体的に、地域に眠っている資源（例えば野馬追の馬具の専門家など）を探索し、それらをプロモーションすることで、まずは関係人口（ファン）を増やすところから始めた。実際、これも、市役所内の仕事のやり方におけるトランジションと言えるかもしれない。杉並区での経験を踏まえ、馬場氏がフロントランナーとなり、主体的に動く公務員像を職場に広めていったのである。

3.4　南相馬市でトランジションは加速するのか？

　東日本大震災、そして福島第一原子力発電所事故から10年が経ち、東北地方太平洋岸に点在するコミュニティも、さまざまな様相を見せ始めている。そのなかでも南相馬市は、震災以前の人口減少トレンドとは全く異なる復興への道を歩みだし始めたところだ。震災直後から、東京で長年暮らしてきた半谷氏が太陽光発電、植物工場といった新奇性の高い取り組みを事業として持ち込み始める。また市役所も、ロボットを中心としたまちづくりをスタートさせ、未来に有望な産業の立地に向けた取り組みを始めたところだ。原発事故の影響を大きく受けた小高地区でも、和田氏による取り組みがフォロワーの若者たちを呼び込み、震災以前とは全く異なる様相を見せ始めている。その結果、若者が街から流出し続けるという震災前のトレンドを抑え込みつつあるように見える。南相馬市における取組はすでに雑誌でとりあげられるほどにはなっているが、30年後、現在の上勝町のようにまで有名な事例になれているかどうかは、現在そしてこれからの取り組みが、ほんとうに持続可能なまちづくりに資するのかどうかにかかっている。

第4節　2つのストーリーから読み解く「人」の役割

4.1　フロントランナーはひとりではない

　本章では徳島県上勝町と福島県南相馬市における、社会経済システムの諸相におけるトランジションの実態を概観した。これらの事例では、決して、科学技術などの導入によって自動的にトランジションがもたらされたわけではなく、また誰かひとりのリーダーがトランジションをもたらしたわけでもない。むしろ、多様な人々が、多様な技術や手段などを試行錯誤しながら同時並行で取り組むことで、人口動態の安定した持続可能なまちづくりに向けたトランジションが可能になっている（可能になりそうである）。

　上勝町の場合、横石知二氏の「彩」事業が最初の突破口とはなってはいるが、その後、ゼロ・ウェイストなどさまざまな取り組みが、町役場の職員や町民による「いっきゅう（1Q）運動」を契機にスタートし、相互に刺激を与えながら展開できたことこそが、大きな変化を遂げることができた理由だろう。南相馬市についても、先陣を切った半谷氏の動き、トップダウンのロボット産業誘致、ボトムアップの小高ワーカーズベースを中心とした動きなどが、独立しつつも相互に緩く連携することで、若者をある程度維持できる持続可能社会へのトランジションを実現しようとしている。

　特に地方創生などの文脈でフロントランナーというと、地域のまちおこしの有名人や仕掛人といった人物が目立つことが多いが、実際には、一人の努力では何も変わらない。むしろ、地域において、トランジションに向けていろいろな取り組みを立ち上げることができ、同時並行で走れるような環境を整えることの重要性が、これらの事例から読み取れる。

4.2　起業家精神の源

　しかし、数千人の住民のなかから、誰かが事業を始めようとする人が出てこなければ、いくら環境を整えても、フロントランナーによるトランジショ

110

ンは始まらない。南相馬市の事例では、ボトムアップの事例を先導する和田氏、半谷氏いずれも、小高地区において事業を営んできた家系の長男で、事業の立ち上げや経営を、生まれながらに見聞きしながら成長してきたエリートと言えるかもしれない。そしていま、彼らはそれぞれ、Next Commons Lab やあすびと福島などの枠組みを通じ、中高生から20代の若者たちが社会問題解決のための事業をスタートできる人材の育成に取り組んでいる。また、元南相馬市議の但野氏は現在、ベンチャーキャピタルの「Makoto キャピタル」の相双オフィス担当者として、小高地区からスタートアップ支援を行っている。

　上勝町の事例でも、横石氏、町役場の少数の職員のほか、さまざまな町民が、新しい取り組みを始めているが、上勝町の場合は山村ということもあり、多くの町民が農家や個人事業者として、自ら組織を立ち上げ、経営するマインドを持っていたと考えられる。また、いっきゅう運動のなかで、町役場が支援しつつ、さまざまな部会を立ち上げさせることで、何名かの町民をそのトップとして立ち上がらせるきっかけとなっていた。

　このように、フロントランナーによる活動を引き出すためには、事業を立ち上げて、組織をまわしていくスキルを持った人々が、ある程度は必要になる。南相馬市の事例のように、子供のころから親の事業を間近に見聞きすることで、企業経営が体にしみついた人々は重要だろうが、現代では職場と家庭の距離は広がる一方であるのだから、別の育成手段を社会的に用意しておくことが今後より、重要になるだろう。実際いま、南相馬市では、フロントランナーの後継者育成につながる取り組みが進められており、このような事例を参考とした人づくりの全国的展開が必要ではないだろうか。

4.3　ヨソモノを受け入れるきっかけとしての非常事態

　上勝町も南相馬市も、トランジションに向けた活動は、内的な成長と外的な刺激・介入の両面が同時に機能したからこそ、うまくいっているのではないだろうか。上勝町の場合、横石氏は隣町の出身で、町民ではなかったし、

111

活性化振興計画の策定も、岡山大学の目瀬教授たちのグループが介入したことで、トランジションへとつながるいっきゅう運動を立ち上げるに至っている。また、移住定住のための町営住宅を早くから整備し、ゼロ・ウェイストのNPOの初代事務局長もIターンの若者であった。

南相馬市の事例も、フロントランナーは南相馬市で生まれ育った人々であるが、いったんは東京に出ていた人たちである。また、誘致されているロボット産業の関係者は東京や名古屋などから来る専門家であるし、Next Commons Labを通じて起業している若者たちも地元とはほとんど縁のなかった人々である。

このように、地域内の人々が主体的に活躍しつつ、地域外の人々から刺激を受け、適宜受け入れるオープンな枠組みが、2つの事例に共通してみられる。ではなぜ、そのようなオープンな環境が地方のコミュニティで可能になったのだろうか？

南相馬市の小高の事例については、原発災害による避難期間の間、自分たちが「ヨソモノ」としての経験をせざるを得なかったことが逆に、現在、地域に「ヨソモノ」を暖かく受け入れる素地ができているようである。また、上勝町についても、2・26事件をきっかけに、町内に大きな危機感が広まり、「ヨソモノ」の介入を受けいれざるを得ない状況に陥ったとも考えらえる。

つまり、地域に大きな非常事態（ショック）がもたらされることで、トランジションの嚆矢となるヨソモノを受け入れられる環境ができた、というのがこの2つの事例から読み取れる結論である。しかし、冷害や原発災害など、できるだけ回避すべき事象なのだから、トランジションのためにこれらを誘発するなどあり得ない。また、非常事態を「悪用」して市場制度の改変を試みる動きは「惨事便乗型資本主義」としてナオミ・クライン（Naomi Klein）によって強く批判されている（クライン 2011）。

とはいえ、日本国内であれば自然災害による非常事態がいつ生じても発生してもおかしくはない。実際、東京の市街地は震災や空襲という非常事態を通じて、その都市構造を大きく進化させてきた。また最近の新型コロナウイ

ルス感染症の拡大も、テレワークの普及などのトランジションを誘発している。そしてこれからも、日本国内で同様の非常事態が発生する可能性は十分にある。それらを防ぐことが第一とはいえ、もし、非常事態が発生してしまったのであれば、被害者の心情に配慮しつつ、サステナビリティ・トランジションの機会としてヨソモノを受け入れ、持続可能性のより高い地域へと変貌することも、前向きにとらえる必要があるのではないだろうか。

参考文献

ナオミ・クライン（2011）「ショック・ドクトリン：惨事便乗型資本主義の正体を暴く」岩波書店

笠松和市、佐藤由美（2008）「持続可能なまちは小さく、美しい：上勝町の挑戦」学芸出版社

笠松和市、中島信（2007）「山村の未来に挑む：上勝町が考える地域の活かしかた」自治体研究社

鎌田磨人、山中英生、上月康則、澤田俊明、福田珠己（1997）「棚田保全をめざした研究のフレームワーク」国際景観生態学会日本支部会報、3（5）、pp.77-82.

杉本あり（2004）「小さな町の大きな挑戦〜徳島県上勝町の町づくり〜」Think Daily（http://www.thinktheearth.net/jp/sp/thinkdaily/report/2004/05/rpt-16_1.html）［2021/5/10参照］

鈴木俊博（2013）「いろどり社会が日本を変える」ポプラ社

日本経済新聞（2015）「南相馬出身の元東電マン　体験研修・新規事業に奔走」（2015/6/9夕刊p.12）

日本経済新聞（2017）「東北のキーパーソン」（2017/4/26　地方経済面（東北））

日本経済新聞（2021）「ドローンで復興・地方創生」（2021/3/31　地方経済面（東北））

福島民報（2021）「論説　移住・定住強化　帰還支援と両輪で」（2021/4/20　p.2）

毎日新聞（2021）「提言は生かされたか：東日本大震災10年　ロボット開発、広がる溝」（2021/3/7朝刊p.1）

目瀬守男（1998）「地域資源を生かした地域活性化と住民参加型の地域計画手法（SS法）の開発」岡山大学農学部学術報告、87、pp.215-225.

目瀬守男、大久保常雄、坂本忠次、木原孝博（1992）「地域活性化シリーズ（5）いっきゅうと彩の里・かみかつ」明文書房

横石知二（2007）「そうだ、葉っぱを売ろう！：過疎の町、どん底からの再生」ソフトバンク・クリエイティブ

横石知二（2015）「学者は語れない儲かる里山資本テクニック」SBクリエイティブ

第5章

トランジション・アクションの実践：人と社会の相互作用

森 朋子・田崎 智宏

第1節　はじめに

　第4章では、実際に日本国内でおきた2つのトランジション・ストーリーをもとに、トランジションにおける「人」の役割をみてきた。第4章で紹介されたような、マクロレベルでの問題解決に向けて既存の枠組みを変化させようとする取り組みを「社会のトランジションに資する取り組み」（以下、「トランジション・アクション」という。）とすると、その取り組みをゼロから立ち上げようとするのがトランジションの「フロントランナー」、立ち上げられた取り組みに賛同し、自らも参加しようとするのが「アーリー・アダプター」もしくは「フォロワー」と呼ばれる人たちである。第2章の理論や第4章の事例を見て分かるとおり、トランジションには未来的で挑戦的な取り組みを最初に始めるフロントランナーが欠かせないものの、フロントランナーの存在だけでトランジションが成功するわけではなく、フロントランナーの取り組みに賛同しサポートする人や、フロントランナーに続いて様々な取り組みを始めるアーリー・アダプターも非常に重要だ。では、こうしたフロントランナーやアーリー・アダプターになり得る人とは、いったいどんな人なのだろうか。本章では、未来的な取り組みに進んで賛同・参加しようとする人を「トランジション・アクションに積極的な人」と呼び、彼ら彼女らの

Key Word: トランジション・アクション積極派、自己効力感、トランジション・アクションのプロセス、実践者のタイプ、影響要因

具体的な人物像や、アクション実践までのプロセスを確認していこう。

第2節　トランジション・アクションに積極的な人の特徴

　企業が自社の製品を買ってくれる可能性が高い顧客層を知るために、年齢や趣味趣向といった特定の属性ごとに顧客を分類することをセグメンテーションという。ターゲットとなるセグメント（顧客の区分）が分かれば、的を絞ったより戦略的な広告活動ができるのである。同じように、トランジション・アクションを実践しやすい人のイメージがより具体化できれば、地域で先進的な取り組みを進める際に、積極的に声をかけるべき住民層が明らかになるだろう。また、トランジション・アクションを促進するためにどのような教育的アプローチが効果的なのか、ヒントを得られる可能性がある。そこで筆者らの研究グループは、トランジション・アクションの例として「新しい再生可能エネルギー・システムを地域に導入しようとする活動」をとり挙げ、この活動への参加意向が高い人にはどのような特徴があるのかを調査した。数あるトランジション・アクションから再生可能エネルギー・システムの導入というアクションを選択したのは、日本では様々な環境問題のうち地球温暖化への関心が最も高く（環境省 2019）、また実際にいくつかの地域では再生可能エネルギー・システムの導入が進んでおり、アクションの実現性が比較的高いと考えたからである。調査は15 〜 22歳までの高校生・大学生（2,136人）を対象にしたものと、20 〜 69歳までの成人（10,000人：学生を除く）を対象にしたものを2回に分けて実施した。本節では、この調査結果をもとに、トランジション・アクションに積極的な人の具体像を浮き彫りにする。

2.1　人口統計学的な属性

　性別、年齢、職業といった人口統計学的な変数のことをデモグラフィック変数と呼ぶ。まずはこのデモグラフィック変数を使って、トランジション・

アクションに積極的な人の特性をみてみよう。なお、トランジション・アクションの実践意欲については、「もしあなたの住む地域で再生可能エネルギー・システムを導入しようという活動があったら、参加したいと思いますか」という問いに対して、「とても参加したい」、「参加したい」、「やや参加したい」、「あまり参加したくない」、「参加したくない」、「まったく参加したくない」の6段階のリッカート・スケールで回答を得ている。

（1）性別と年齢

　本調査では、性別の違いによって、トランジション・アクションへの積極性が統計学的に有意に異なる[1]という結果は出なかった。細かくデータをみると、「とても参加したい」や「まったく参加したくない」という極端な回答は男性のほうがやや多い傾向があったものの、全体を総じてみると、男だから、あるいは女だからといってトランジション・アクションへの実践意欲が変わるわけではないようである。

　一方で年齢については、図5-1に示すとおり、特徴的な結果となった。高校生・大学生グループの60%以上が「やや参加したい」、「参加したい」、「とても参加したい」と回答し、トランジション・アクションに積極的な姿勢を示すのに対し、その他の年齢グループで同様の回答の割合は40〜45%程度にとどまっていることが分かる。分散分析[2]や多重比較[3]といった統計

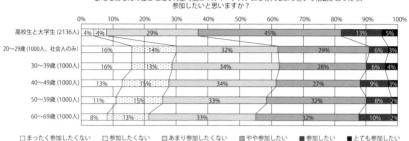

図5-1　年齢グループ別にみたトランジション・アクションの実践意欲の違い

手法を用いてさらに詳しくデータを分析してみると、高校生・大学生グループを除けば、高年齢のグループになるにつれて有意にトランジション・アクションの実践意欲が高くなること、また20〜30歳代グループと60歳代グループとの差が特に大きいことが分かった。

　この調査は、ある固定された対象者の実践意欲を経年的に調べたものではないため、時代の影響を受けている可能性もあり、このデータだけで「歳をとるにつれてトランジション・アクションに積極的になる」と結論づけることはできない。しかしながら多くの人にとっては、「学生のころは社会的な活動に前向きだったのに、働き始めたらそれどころではなくなった」、「地域で社会的なイベントを開催しても、働き盛り世代はなかなか参加してくれず、参加者の年齢層がどうしても高くなる」といったことを少なからず経験しており、感覚的には納得できる結果となっている。

（2）学歴、職業、年収

　学歴、職業、年収の3つのデータは、互いに強い相関を持っているが、まずはひとつずつ傾向をみていきたい。

　学歴とトランジション・アクションの実践意欲の関係については、高学歴のグループほどトランジション・アクションに積極的な姿勢を示しており、最終学歴が大学院のグループが最も強い積極性を持っていた。一方で最終学歴が中学校のグループは、その他の学歴グループと比べて、トランジション・アクションの実践意欲が特に低いという結果であった。

　職業との関係をみてみると、会社役員や経営者のグループが最もトランジション・アクションに積極的であり、次いで公務員のグループ、会社員のグループが積極的であった。一方でパートやアルバイトを職業とするグループは、他の職業グループと比べて、トランジション・アクションの実践意欲が有意に低い傾向にあった。

　最後に年収との関係をみよう。世帯年収が400万円未満のグループ、400万〜800万円のグループ、800万円以上のグループの3つのグループで比

117

較してみると、世帯年収が高いグループほどトランジション・アクションに積極的な傾向にあった。年収400万円未満のグループは、他のグループと比べると、トランジション・アクションの実践意欲が有意に低い傾向にあった。

　学歴、職業、年収が互いに強い相関を持っていることを考慮すると、高学歴の人ほど会社員や公務員といった安定した職業に従事している傾向が高く、また収入も比較的高くなるという傾向が想像できる。一方で高い学歴を持たない人は、パートやアルバイトといった不安定な職業に従事している傾向があり、収入が限られているということも想像できる。これらの傾向は、実際の社会を見渡してみても、それほど違和感がない結果であろう。今回の調査結果からは、比較的高い学歴を持ち、一定以上の安定した収入を得ている人ほど、地域のトランジション・アクションに積極的な傾向にあるということが分かってきた。

2.2　心理学的な属性

　趣味、嗜好、価値観、ライフスタイルといった、回答者の心理学的な変数のことをサイコグラフィック変数と呼ぶ。次は、トランジション・アクションの実践意欲に影響を及ぼすサイコグラフィック変数をみてみよう。

（1）基本的な性格

　もともと友好的で明るく、何にでも積極的に取り組むような性格であれば、他者と協働して社会に働きかけるトランジション・アクションの実践意欲も高いことが予想される。そこで本調査では、「人と話すのが好きだ（社会的外交性）」、「何事にも積極的に取り組む（活動性）」、「困っている人を見ると助けてあげたくなる（共感性）」、「どんなことも試してみたい（進取性）」のそれぞれについて、自分がどの程度あてはまるかを回答者に4段階のリッカート・スケールで尋ねて点数化し、点数の平均点に応じて平均点が低いグループ（回答者の29％）、中程度のグループ（回答者の58％）、高いグループ（回答者の13％）の3グループに分け、これらのグループの間にトランジション・

アクションの実践意欲に有意な差があるかを調べたところ、平均点が高いグループ、つまり社会的外交性、活動性、共感性、進取性が高い性格のグループほど、トランジション・アクションの実践意欲が高い傾向であった。

(2) 自由に使える時間

　いくらトランジション・アクションに向いた性格を持っていても、時間的な余裕がなければトランジション・アクションを実践することは難しい。では、どの程度の時間的な余裕があれば、人はトランジション・アクションに積極的になるのだろうか。本調査では、日常生活の中で自由に使える時間がどの程度あるのかを回答者に尋ね、その結果とトランジション・アクションの実践意欲との関係を調べてみた。

　その結果、自由に使える時間が「十分にある」、「ややある」、「あまり無い」と回答した3つのグループの間には、トランジション・アクションへの積極性にそれほど大きな違いは見られなかった。しかし「まったく無い」と回答したグループだけは、その他のグループと比較して、トランジション・アクションの実践意欲が有意に低かった。つまり、自由に使える時間が多い、少ないという程度はトランジション・アクションの実践意欲にそれほど大きな影響を及ぼさないものの、自由に使える時間が「まったく無い」という状況になると、トランジション・アクションの実践意欲は大きく損なわれてしまうことが分かる。

(3) 地域への愛着とネットワーク

　トランジション・アクションには様々な種類があるが、最も身近なアクションは地域の問題を解決するために、地域のステークホルダーと協働して行うことだろう。本調査でも、トランジション・アクションの実践意欲を確認する設問として、「再生可能エネルギー・システムを"地域に"導入する活動に参加したいか」を尋ねている。こうした地域での活動には、その地域への愛着が強い人、あるいは地域で豊かなネットワークを持っている人ほど積

極的だと考えられそうである。

　「自分が住んでいる地域が好きだ」、「自分が住んでいる地域が暮らしやすい場所になるように貢献したい」、「今住んでいる地域に住み続けたい」という地域への愛着度に関する３つの設問への回答とトランジション・アクションの実践意欲との関係を分析してみたところ、予想どおり、地域への愛着が強い人ほど、地域のトランジション・アクションに積極的であった。

　次に、「住んでいる地域での交流人数」「地域に対する信頼度」「地域活動に参加している身近な人の有無」に対する回答結果を点数化し、回答者を点数の低いグループ（回答者の15％）、中程度のグループ（回答者の57％）、高いグループ（回答者の28％）の３グループに分けて、トランジション・アクションの実践意欲との関係を調べた。その結果、点数が高いグループ、つまり地域で豊かなネットワークを持っている人ほど、地域でのトランジション・アクションに積極的であった。

(4) 社会問題、政治、環境問題への関心

　トランジション・アクションは地域や社会に新しい仕組みを作ろうとする、あるいは既存の仕組みを見直そうとするアクションなので、こうしたアクションに積極的な人は、社会で起きている問題や、それらの問題に取り組む政治に高い関心を持っていると予想される。実際に、本調査で「社会問題への関心」「政治への関心」「投票にいく頻度」をそれぞれ４段階で回答を得たところ、いずれの項目もトランジション・アクションの実践意欲と強い正の相関があった。したがって、社会問題や政治への関心が高く、いつも欠かさず投票に行っているような人ほど、地域でのトランジション・アクションにも積極的に関わってくれる可能性が高いことになる。一方で、社会問題や政治に「まったく関心がない」あるいは「まったく投票しない」グループは、その他のグループと比べてトランジション・アクションの実践意欲が有意に低かった。こうした層をいきなりトランジション・アクションに巻き込むのは至難の業であり、まずは問題を知ってもらうための説明から始めるという地

道なアプローチが必要だろう。

　さらに今回の調査では、環境問題への関心の高さとトランジション・アクションの実践意欲との関係も調べた結果、環境問題への関心が高い人ほど、トランジション・アクションに積極的であることが分かった。なお、別の調査では生物多様性、廃棄物・リサイクル、環境汚染、環境に配慮した都市交通など、様々な環境分野をテーマとしたトランジション・アクションの実践意欲も調べている。その結果によれば、環境分野のテーマによって、トランジション・アクションの実践意欲が大きく変わる傾向はなく、環境問題全般に関心を持っている人は、おおよそどんなテーマであってもトランジション・アクションに積極的な傾向がみられている。

（5）普段の生活での環境配慮行動の実践度

　環境問題の解決を目指して他者と協働し、社会に働きかけるトランジション・アクションに積極的な人は、普段の生活でも環境配慮行動を実践しているのだろうか。普段から環境配慮行動を地道に実践している人は、普段の取り組みに満足して、トランジション・アクションにはむしろ消極的なのだろうか。こうした問に答えるべく、本調査では、日常的な環境配慮行動（例：ごみの分別、家での省エネ、環境配慮製品の購入など）の実践度を尋ねる設問への回答結果を点数化し、実施レベルに応じて、まったく行っていないグループ（回答者の12％）、少し行っているグループ（回答者の24％）、比較的行っているグループ（回答者の35％）、よく行っているグループ（回答者の23％）、非常によく行っているグループ（回答者の6％）の5グループに分類した。そのうえで、日常的な環境配慮行動の実践度とトランジション・アクションの実践意欲との関係を調べた。

　図5-2に示す結果のとおり、日常的な環境配慮行動の実践度が高い人ほど、トランジション・アクションにも積極的であった。一方で、普段の生活で環境配慮行動をまったく実践していない人は、他者と協働するトランジション・アクションにも極めて消極的な傾向であった。

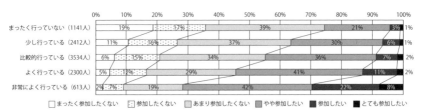

図 5-2　日常的な環境配慮行動の実践度のグループ別にみたトランジション・
アクションの実践意欲の違い

（6）社会に対する自己効力感

　2009年に財団法人一ツ橋文芸教育振興協と財団法人日本青少年研究所が日本の中学生・高校生を対象に実施したアンケート調査では、「私個人の力では政府の決定に影響を与えられない」という設問に対して、40％が「とてもそう思う」と回答している。同じ質問を韓国、中国、米国の同世代にすると、いずれの国でも「とてもそう思う」と回答したのは全体の13 〜 19％程度であった。こうした調査結果を見ても、日本の若者の自己効力感がいかに低いかがよく分かる。トランジション・アクションは、社会の仕組みを変えようとするアクションなので、社会に対する自己効力感があまりに低いと、アクションの実践意欲も高まらないと思われる。

　そこで本調査では、20 〜 69歳の10,000人に対して「住んでいる地域で起きている問題に私が取り組むことで、まちの決定に影響を及ぼすことができると思う」という文章にどの程度賛成するかを6段階で尋ねた。その結果、「まったくそう思わない」、「そう思わない」、「あまりそう思わない」という否定的な回答が全体の60％を超えた。回答者の年齢層が違っても、この傾向は同じである（図5-3）。どうやら、社会に対する自己効力感が低いのは、若者だけではなさそうである。

　さらに、この回答とトランジション・アクションの実践意欲との関係を集計した。図5-4に示すとおり、「自分が問題に取り組むことで、まちの決定に影響を及ぼすことができる」と考えている人ほど、トランジション・アクションの実践意欲が高い傾向があった。特に、自分がまちの決定に影響を及

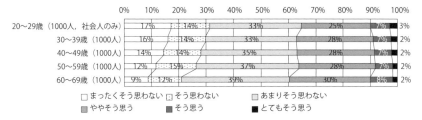

図5-3 「住んでいる地域で起きている問題に私が取り組むことで、まちの決定に影響を及ぼすことができると思う。」に対する年齢層別の回答の割合

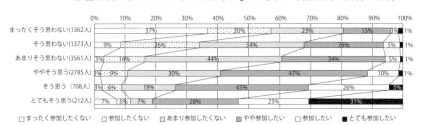

図5-4 「住んでいる地域で起きている問題に私が取り組むことで、まちの決定に影響を及ぼすことができる」という設問への回答グループ別にみたトランジション・アクションの実践意欲の違い

ぼすことができると「とてもそう思う」人は、全体の2％と非常に少数であるものの、その半数以上が地域のトランジション・アクションに「とても参加したい」あるいは「参加したい」と回答していた。一方で、まちの決定に影響を及ぼすことが「まったくできない」と思っている人の40％近くがトランジション・アクションにも「まったく参加したくない」と回答している。自己効力感とトランジション・アクションの実践意欲との間には密接な関連があることが分かる。

（7）これまでのトランジション・アクションの経験度と満足度

　環境問題がテーマかどうかにかかわらず、地域での協働的・社会的な活動経験が豊富な人は、トランジション・アクションにも積極的に取り組む可能性がある。そこで、回答者がこれまでに実践したことのある学校や地域での協働的・社会的な活動経験（例：ボランティア活動、地域の問題について話

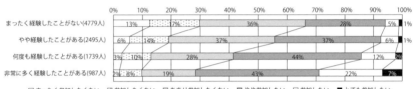

	0%	10%	20%	30%	40%	50%	60%	70%	80%	90%	100%

まったく経験したことがない(4779人) 13% 7% 36% 28% 5% 1%

やや経験したことがある(2495人) 6% 14% 37% 37% 6% 1%

何度も経験したことがある(1739人) 3% 10% 28% 44% 12% 2%

非常に多く経験したことがある(987人) 2% 8% 19% 43% 22% 7%

□ まったく参加したくない　□ 参加したくない　□ あまり参加したくない　■ やや参加したい　□ 参加したい　■ とても参加したい

**図5-5　学校や地域での協働的・社会的な活動経験度のグループ別にみた
トランジション・アクションの実践意欲の違い**

し合う活動、行政や企業に意見を届ける活動など）とトランジション・アクションの実施意向との関係を調べた。**図5-5**に示すように、学校や地域での協働的・社会的な活動経験度とトランジション・アクションの実践意欲には強い正の相関があり、活動経験が豊富な人ほど、トランジション・アクションの実践意欲が高いことが分かる。

　もし、学校や地域で協働的・社会的な活動に参加したものの、十分な効果を感じられなかったり、活動に満足感が得られなかったりしたら、どうなるのだろうか。そこで本調査では、これまでに何らかの協働的・社会的な活動の経験があると回答した5,221人に対して、その活動にどの程度満足したかを尋ねてみた。具体的には、「自分たちの取り組みが地域活動や自治体の取り組みに反映された」「自分たちの取り組みが地域や社会を良くしているという実感があった」「仲間と良好な関係を築けた」「自分自身の満足が得られた」という4つの設問に対する回答結果を点数化し、点数に応じて、過去の活動に全く満足していないグループ（回答者の14％）、あまり満足していないグループ（回答者の21％）、やや満足しているグループ（回答者の28％）、満足しているグループ（回答者の29％）、非常に満足しているグループ（回答者の8％）の5グループに分けた。

　満足度のグループ別にトランジション・アクションの実践意欲の違いを**図5-6**に示す。過去の活動への満足度が高い人ほど、これから実践するトランジション・アクションへの実施意向も高い傾向があった。一方で、回答者の14％は活動に参加したものの「まったく満足していない」と回答している。

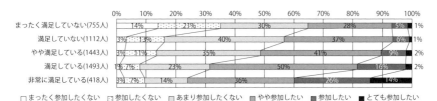

**図5-6　過去に実践した協働的・社会的な活動への満足度のグループ別にみた
トランジション・アクションの実践意欲の違い**

注目すべきは、こうした回答者の将来のトランジション・アクションに対する実施意向の低さである。トランジション・アクションの実施意向に対する回答を1から6までで点数化したところ、過去の活動に「まったく満足していない」グループの平均点は2.94点であった。これは過去に一度も協働的・社会的な活動を経験したことがないグループよりも低いのである。何事も経験が大事、という考えの人もいるだろうが、こうした協働的・社会的な地域活動においては、経験すればなんでもよいというわけではなく、活動を通して達成感や満足感を得ることが重要といえる。達成感も満足感も得られず、むしろ不満が高まるような経験をした場合、かえってアクションへの意欲は損なわれてしまう。

2.3　トランジション・アクションに特に強い影響を及ぼす要因

（1）環境問題や社会問題に対する関心

　ここまでは、トランジション・アクションに影響を及ぼす様々な要因を個別にみてきた。今回の分析対象とした影響要因の多くは、既存の研究で他者との協働的なアクションや政治的なアクションに影響を及ぼすとされてきた要因である。今回の分析結果は、既存研究で指摘されてきた影響要因が、環境分野でのトランジション・アクションにも有意な影響を及ぼすことを明らかにしたといえる。

　ではいったいどの要因が特に強い影響を及ぼすのだろうか。トランジション・アクションの実施意向を左右する主な要因を把握するために重回帰分析

表5-1　トランジション・アクションの実施意向を
目的変数とした重回帰分析の結果

影響要因	標準偏回帰係数 β
環境問題への関心	0.416 ***
社会問題への関心	0.093 ***
地域への愛着	0.081 ***
協働的・社会的な活動の経験度	0.066 ***
社会に対する自己効力感	0.056 ***
基本的な性格	0.042 ***
地域でのネットワーク	0.041 **
決定係数R²	0.302

※*p<0.05, **p<0.01, ***p<0.001
※他の要因と共線性の強かった「年齢」、「投票の頻度」、
　「政治への関心」は除外。
※「過去に参加した協働的・社会的な活動への満足度」
　は、活動経験がある一部の回答者のみが対象となるた
　め、今回の分析からは除外。

を行った。ここでは統計分析の細かい手順や条件に関する記述は省き、結果
のみを紹介する[4]。

　表5-1中の「標準偏回帰係数 β」というのは、その要因がトランジション・
アクションの実施意向にどの程度影響を及ぼしているかを示す数字であり、
1に近いほど強い影響を及ぼすことを示す。今回の結果からは、最も強い影
響を及ぼしているのは「環境問題への関心」であることが分かる。この要因
の標準偏回帰係数は0.416であり、2番目の「社会問題への関心（β =
0.093）」よりも大幅に高い数値であることから、トランジション・アクショ
ンの実践意欲には、その人が環境問題にどの程度関心を持っているかが特に
強く影響しているといえる。したがって、日本で環境分野でのトランジショ
ン・アクションをより促進するためには、身近な人と環境問題について話し
合ったり、ネットや本などで環境問題に関する情報を積極的に集めたりする
ような、環境問題に強い興味関心を持つ人を増やしていくことが重要となる。
　ただしこの分析結果は、あくまでも今回調査できた影響要因の中での順位

付けであることに注意が必要である。今回の重回帰分析で推定された回帰式の当てはまりの良さを表す決定係数R^2は0.3にとどまっており、今回調査した影響要因ではトランジション・アクションの要因を30％ほどしか説明できていない。残りの70％を特定することが今後の研究に期待されることである。

(2) タイとの比較で見えてきた経験と満足度の重要性[5]

　ここまでに述べてきたような特徴は、日本人に固有のものなのであろうか。他の国の人々にも同じように観察されることなのだろうか。筆者らは、同様の調査をタイ人3,000人を対象として2020年に実施しているので、その調査結果からの知見を紹介しよう。まず、「再生可能エネルギー・システムを地域に導入する活動に参加したい」と積極的な姿勢を示したタイ人の割合は日本人よりもずっと高く、その他のサイコグラフィック要因（地域への愛着、環境・社会問題への関心など）の平均値も日本人より高い傾向を示した。中でも、これまでの協働的・社会的なアクションの経験度は日本人の平均値との差が最も大きく、両国間でトランジション・アクションの実践意欲が大きく異なる重要な要因のひとつであることが分かった。タイのマヒドン大学で教育学を研究するボーンティナンド博士（Dr. Vachararutai Boontinand）に意見を伺ったところ、「タイの学校では、週に1回の頻度で地域でのボランティア活動に参加することが、国のカリキュラムとして組み込まれている。また、王室が推進しているボランティア活動キャンペーンの人気も高い。こうした活動が人々の経験値を高めることにつながっているのではないか。」とのことであった。

　注目すべきは、それらの活動に参加したタイの人々の満足度の高さである。日本人を対象とした調査では、過去に参加した協働的・社会的なアクションに対して「まったく満足していない」グループに属する人の割合が全体の14％であったのに対し、タイ人を対象とした調査ではわずか2％であり、50％もの人が「非常に満足している」グループであった。さらに、過去のアクションに「まったく満足していない」グループの人の、将来のアクションに対

する実践意欲は、これまで協働的・社会的なアクションを全く経験したことがない人よりも低かった。つまり、トランジション・アクションを促進するためには、多くの人に協働的・社会的なアクションを経験してもらうことが重要だが、ただ経験するだけで、その経験に満足感が伴わなければ、かえって将来的なアクションを阻害してしまう要因になりうると言えるだろう。読者の皆さんも「せっかく勇気を出して発言したのに、真剣に聞いてもらえなかった」「活動に参加してみたものの、思ったほど周囲の反応がなかった」といった経験はないだろうか。こうした「がっかり体験」が積み重なると、これ以上のアクションはやめようという気持ちになることは容易に想像できる。他者と協働し、社会に働きかけるようなアクションを学校や地域で取り組む場合には、その活動によって達成したいゴールを複数段階で用意する、活動終了後に活動がもたらした影響を関係者内で丁寧に振り返るなど、参加した人ができるだけ満足感を得て、次のアクションにつながるよう配慮することがとても重要である。

第3節　トランジション・アクションに影響を及ぼす心理的な要因

　前節では、トランジション・アクションに積極的な人の人口統計学的な属性）と心理学的な属性を見てきたが、本節ではトランジション・アクションを実践しようとする人の心の中がどうなっているのかを見ていこう。日本の15歳から22歳までの高校生と大学生2,136人を対象にオンラインアンケートを実施し、再生可能エネルギー・システムを地域に導入するというトランジション・アクションの実践意欲と、行動に対する様々な心理要因との関係を分析した結果からの知見である。ここでは統計分析の細かな手順や条件に関する記述は省き、重要な結果のみを示すことにする[(6)]。

3.1　トランジション・アクションに対する認識

　環境配慮行動の種類によって多少異なるものの、広瀬（2008）が指摘する

ように、個人が日常生活の中で行う環境配慮行動の場合には、環境問題がもたらす影響への危機感（リスク認知）、環境問題に対する責任感（責任帰属認知）、行動することが問題解決に役立つという気持ち（対処有効性認知）が高まると「何か環境問題の解決のために良い行動をしたい」という気持ち（目標意図）が高まることが分かっている。多くの環境教育プログラムにおいて、環境問題の悪化がもたらす悲惨な影響や、自分の行動と環境問題とのつながりを学んだりするのは、こうした目標意図を高めることにつながるからである。また、ごみの分別や省エネ行動など、具体的な環境配慮行動を実行しようと思う意欲（行動意図）には、実際にその行動が実行できるかどうかの判断（実行可能性評価）、社会や周囲の人がその行動をしているか、あるいは自分がその行動をすることを周囲が期待しているかどうかの判断（社会規範評価）、その行動に要する手間やメリットの判断（費用便益評価）にも影響を受けることが分かっている（広瀬 2008）。

　著者らの研究では、こうした従来の研究で指摘されている心理要因に加えて、再生可能エネルギー・システムを地域に導入するというトランジション・アクションにどのような認識を持っているかについても調査している。具体的には、トランジション・アクションをどの程度重要だと思っているか（アクションに対する重要性認知）、トランジション・アクションをどの程度自分が関わるアクションだと思っているか（アクションへの責任帰属認知）、トランジション・アクションが問題解決にどの程度有効だと思っているか（アクションへの対処有効性認知）の3種類の認識である。

　その結果によれば、個人での環境配慮行動に強く影響するとされてきた目標意図（環境に対して何か良いことをしたいという気持ち）よりも、トランジション・アクションをどのように認識しているかのほうが、アクションの実践意欲（行動意図）に強い影響を及ぼすことが分かっている。この傾向は、トランジション・アクションへの実践意欲が高いグループに特に顕著であり、トランジション・アクションに積極的な人の心の中では、こうした行動が環境問題を解決する選択肢のひとつとして明確に認識されており、なおかつト

ランジション・アクションが重要で有効、自分が関わるべき行動として捉えられていた。これまで実践されてきた環境教育プログラムでは、環境問題がもたらす悪影響を知ることでリスク認知を高め、自分の行動が環境問題と深くかかわっていることを学んで、問題に対する責任帰属認知を高めることに主眼を置いたものが多かったが、今回の分析結果を踏まえると、トランジション・アクションを促進するためにはそれだけでは不十分のようだ。他者と協働して社会に働きかけるトランジション・アクションを自分自身が関わる行動の選択肢のひとつとして認識し、その重要性や有効性を学ぶような機会を増やす必要がある。

　また上記調査では、「個人でのアクションを実践していれば地球温暖化を解決できると思う」という文章にどの程度同意するかを尋ねている。その結果、「個人でのアクションが地球温暖化を解決する」という認識は、他者と協働して社会に働きかけるトランジション・アクションを「重要だ」「有効だ」「自分が関わることだ」という3つの認知を大きく引き下げ、結果としてトランジション・アクションの実践意欲も大きく損なうことが明らかとなった。地球温暖化を解決するためには、日々の生活の中で一人一人ができることを実践することが非常に重要だが、個人での行動を過度に重視しすぎたり、問題解決の方法として個人での行動しか認識していなかったりする場合は、トランジション・アクションの実践意欲に悪影響を及ぼすのである。環境教育研究者のチャウラ（Louise Chawla）は「環境問題の解決のためには、個人がより"戦略的な"行動を実践できるようになることが重要だ」と述べている（Chawla and Cushing, 2007）。戦略的な行動とはつまり、問題解決に向けて最も効果的かつ実行可能性の高い行動のことである（→p.144のコラムを参照）。個人でできることにばかり目を向けるのではなく、他の人と一緒であればどんなことができるのか、多くの人を巻き込むためにはどんなことをすべきなのかなどについて考えるような学習機会をより増やしていく必要がある。

3.2　トランジション・アクションに必要な能力に対する認識

　上記調査におけるもうひとつの着目すべき結果は、トランジション・アクションに必要な能力を自分自身が持っているかどうかという認識が、アクションの実践意欲に大きく影響していたという点である。知識と機会さえあれば1人で実行できる個人での環境配慮行動とは異なり、トランジション・アクションは他者と協力しながら、効果的に社会に働きかける方法を考えなければならない。さらに実践にあたっては、様々な関係者との交渉や調整も必要になる。こうしたアクションを実践する能力にある程度の自信がなければ、なかなかアクションに踏み切ることは難しい。今回の調査では、トランジション・アクションに必要な能力をどのように認識しているかを確認するために、回答者が他者と協働することにどの程度自信を持っているか（協働コンピテンスへの有能感）と、「再生可能エネルギー・システムを地域に導入する活動に参加する」という具体的なアクションに対してどの程度自信を持っているか（内的な実行可能性評価）の2種類を分析した。前者については、「意見が異なる相手とも話し合いができる」「他者と協力してチームとして上手に物事を進めることができる」「立場や意見が異なる人を巻き込みながら問題を解決する方法を考えつくことができる」という3つの能力に対する自信の程度を尋ねた。後者については、「再生可能エネルギー・システムの地域導入活動に参加しようと思ったら、どうすればよいか知っている、あるいはどうすればよいか調べることができる」と「地域で再生可能エネルギー・システムを関係者と一緒に導入するのは簡単だ」という文章に対してどの程度同意するかを尋ねた。

　その結果、学校や地域などで協働的・社会的なアクションの実践経験が豊富な人ほど協働コンピテンスへの有能感が高く、それが「自分は再生可能エネルギー・システムの地域導入活動に参加することができる」という内的な実行可能性評価を高め、アクションの実践意欲につながっていることが分かった。さらに、こうしたアクションの経験度が高く、協働コンピテンスへの

有能感が高い人は、「自分がアクションすることで社会を変えることができる」という社会に対する自己効力感も高い傾向にあった。この結果だけでは、もともと協働コンピテンスへの有能感が高く、自己効力感の強い人がトランジション・アクションの経験を積んでいるのか、トランジション・アクションを経験したことによって協働コンピテンスの有能感や自己効力感が増しているのか、その順序までは分からない。しかし実際にトランジション・アクションを実践している若者にインタビューを行い、アクションに至るまでのプロセス尋ねたところ（詳細は第4節を参照）、身近なアクションを経験したことが自信につながり、さらに大きなアクションへの挑戦を促す、という学習と行動の好循環が生まれていることが示唆された。つまり、最初から高い能力や意識を持っている必要はなく、まずは身近なところからトランジション・アクションに挑戦し、その効果を実感する「意味のある経験」を積み重ねることによって、トランジション・アクションに必要な能力を段階的に身に着けていくことが重要だと考えられる。

第4節　若者がトランジション・アクションを実践するプロセスと要因 [7]

　第2節と第3節では、オンラインアンケートの結果を分析することによって、様々な要因がトランジション・アクションの実践意欲にどのように影響するのかを示してきた。一方で、1人の人間がトランジション・アクションを実践するときに、そこに至るまでにどのようなプロセスがあったのか、また具体的なきっかけは何だったのかなどは不明なままである。そこで、実際にトランジション・アクションを実践している若者30人にインタビュー調査を実施し、若者の活動の背景に何があるのかを調査した。本節ではこのインタビュー調査の成果をもとに、若者がトランジション・アクションの実践に至るプロセスと要因を述べる。

4.1　実践者のタイプ

インタビュー調査対象者は、環境分野において同世代や大人と協働して社会に働きかけるアクションを実践している若者ら30人である。30人の活動分野は、地球温暖化、エシカル消費、海洋汚染、SDGsの普及啓発など、多岐にわたる。またリーダーとしてプロジェクトを牽引しているような若者もいれば、熱心なリーダーをサポートしている若者もおり、活動内での役割は様々であった。対象者の大半は高校生と大学生であったが、中には中学生や大学を卒業した20代の若者も含まれている。30人の若者はそれぞれ個性がユニークで多様なバックグラウンドを持っていたが、アクションのきっかけや動機に着目すると、大きくAからDの4タイプに大別できた。

Aの「海外経験からアクションするタイプ」の多くは、幼少期に海外で生活したり、現地の学校に通ったりした経験がある。語学に堪能で優秀、周囲からの同調圧力にも負けない強い自立心を持っている一方、日本への帰国後に日本の社会や学校に馴染めず、苦労した体験もあわせ持っている。トランジション・アクションを実践するきっかけは、こうした日本の社会や学校文化に対する違和感や不満であることが多く、世界の他の国と日本の状況をメタ的に捉えることに長けている。こうした若者らは、例えば気候変動への対

海外経験からアクションするタイプ
- ✓ 日本の学校や社会への違和感が動機の源泉。
- ✓ 周囲からの圧を気にしない、優秀な我が道を行く人が多い。
- ✓ 帰国子女だけでなく、短期留学の経験者も含む。

問題意識や悩みからアクションするタイプ
- ✓ 社会への問題意識や現状へのモヤモヤした気持ちが動機の源泉。
- ✓ 優秀だが、人一倍に感受性も強いので、大人からのサポートや仲間との良好な関係が重要。
- ✓ 条件が整えば、非常に熱心に活動する。活動テーマへの思い入れも強い。

楽しさや興味からアクションするタイプ
- ✓ 楽しそうに活動する人達に魅了されてアクションに参加。若いフォロワーに多い。
- ✓ 活動をとおして、精神的、能力的に徐々に成長する。

能力向上を目指してアクションするタイプ
- ✓ 自分の能力を高めたり、試したりする機会としてアクションに参加。
- ✓ 優秀で要領の良い人が多い。
- ✓ 活動テーマへの思い入れは、最初はそれほど強くない場合がある。

図5-7　30人の若者のインタビュー調査を基にした実践者のタイプ分け

策を訴えるFridays for Future[8]や、バリ島発のレジ袋削減運動Bye Bye Plastic Bags[9]など、海外の若者の間でもムーブメントになっているような活動に興味を持ち、参加する事例が多くみられた。海外発の活動の中には街頭でのデモ行進など、一般的な日本の若者にとってはハードルの高いアクションが含まれていることがあるが、こうしたアクションにも積極的に参加できる人が多い。インタビュー調査では「日本では珍しいかもしれないが、海外では普通だと思う。」「海外で実践している若者をみたら、自分でもできると感じた。」といった意見が出されており、広く世界に目を向けて、実行可能なアクションを選択する姿勢がうかがえた。ただし中には、いくら活動しても日本と海外との差が縮まないことや、現状が大きく変化しないことに幻滅し、途中でアクションを止めてしまう若者もいるようである。また、インタビューに協力してくれた若者の中には、いわゆる帰国子女ではなく、奨学金などを活用した短期留学がきっかけで海外の状況を学び、トランジション・アクションにつながった若者もいたことから、必ずしも幼少期からの長期にわたる海外生活経験が必須ではなさそうである。

　Bの「問題意識や悩みからアクションするタイプ」には、社会で起きている様々な問題や社会正義に強い関心を持っている人や、自分の周囲を取り巻く不条理な環境に不安や不満を持っている人が多い。中には、学校でなかなか周囲と馴染めなかった、親との確執があった、受験勉強に大きな不安を抱えていた等、本人にとって辛い状況がアクションへのきっかけになっていた人もいた。このように「どうすればよいか分からないけど、なんだか間違っている気がする。」「うまく言葉にはできないけど、納得できない。」というような「モヤモヤした気持ち」が同じ問題を抱えている人を助けたいという気持ちや、問題を解決する方法を知りたいという気持ちにつながり、トランジション・アクションに至る事例がいくつも見られた。彼ら彼女らの多くは実直で優秀だが、同時に人一倍感受性も強いため、活動を持続するためには大人からの適切なサポートが非常に重要な役割を果たすことになる。また、一緒に活動する仲間との信頼関係も重要である。このタイプの若者は、一度

有意義なアクションを経験し、活動に必要なネットワークや場を獲得すると、大変な熱意をもって活動を継続する傾向にある。取り組んでいるテーマ自体への思い入れが非常に強いため、簡単に活動を止めるようなケースは少なかった。

　Cの「楽しさや興味からアクションするタイプ」は、最初から社会問題や環境問題に強い思い入れがあったわけではなく、他の人が活動している様子をみて「楽しそうだな。」「私もやってみたいな。」という関心からアクションに至った若者である。今回のインタビュー調査では、中学生や高校1年生といった、特に若い世代に見られるタイプであった。彼ら彼女らの多くは、アクションに参加した当初は他の参加メンバーの勢いに圧倒され、なかなか積極的にかかわることができないものの、徐々に活動の中で一定の役割を担うようになり、それが自信や活動継続へのモチベーションにつながっていた。ある若者は「最初に参加した会議では、一言も話せなかった。先輩たちの熱心な議論をただ聞いているだけで精一杯だった。でもそのうち自分なりのアイデアが出せるようになって、大事な役割を任せてもらえるようになってきた。」と発言していた。またある若者は「最初はその団体で取り組んでいる活動に参加していた。でもだんだんと本当に自分がやりたいアクション、やるべきアクションは何なのかを考えるようになった。」と話していた。このように、楽しさや興味からアクションをはじめ、それが徐々に本格的な活動に発展したり、活動を支えるフォロワーからリーダーに成長したりするケースがいくつも見られた。

　Dの「能力向上を目指してアクションするタイプ」とは、自分の能力を高めたり、試したりする機会のひとつとしてトランジション・アクションを実践する人のことである。もともと優秀で要領がよく、様々な社会課題に対する感度の高い人が多い。中には、海外への大学進学や企業への就職に役立てる手段のひとつとしてトランジション・アクションを実践している人もいる。取り組んでいるテーマ自体への思い入れはそれほど強くないため、途中で活動へのモチベーションが下がってしまう人や、テーマを変える人もいる。た

だし、一緒に活動している仲間との関係が良好であり、周囲からの期待を感じられる場合は、継続的な活動につながるようである。今回調査した若者の中では、このタイプはそれほど多くはなかったものの、自己実現や自己研鑽に熱心な若者が一定数いることを考慮すると、社会全体では潜在的に多いタイプかもしれない。自分の能力向上のためにトランジション・アクションに関わることは決して悪いことではなく、むしろ能力向上の有効な手段として、こうしたアクションを実践することがより一般的になれば、多くの若者がトランジション・アクションを経験できる社会になるだろう。

　ここで注意すべきは、すべての若者がA 〜 Dのいずれかひとつに分類されるわけではなく、実際には2つのタイプの要素をあわせ持っていたり、途中でタイプが変わったりするケースが多いという点である。また、この4分類はあくまでも今回調査した30人の若者から描き出した分類であり、より多くの若者を分析すれば、タイプE、タイプF……と異なる分類が生まれる可能性は多いにありうる。今回の分類は、トランジション・アクションを実践している若者とはどんな人たちなのかを大まかに理解することに役立ててもらいたい。

4.2　アクションの実践プロセスと要因

　次は、インタビュー調査に協力してくれた若者がアクションの実践に至るまでにどのようなプロセスを経たのか、またどのような要因がアクションを後押ししたのかについて詳細に見ていこう。30人のインタビュー結果から、実践のプロセスはアクションの実践前、アクションの実践、アクションの継続という3つの段階に分けることができた（図5-8）。本節では、各段階の状況やアクションの実践および継続を後押しした要因について述べる。

（1）アクションの実践前の状況

　インタビュー調査では多くの若者が、自分がアクションを実践する前にどんな状況だったのかを語り、そうした個別の状況がアクションの実践に踏み

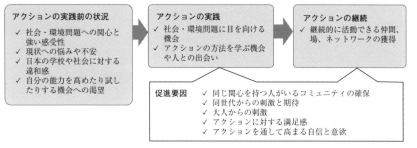

図5-8　アクションの実践プロセスと促進要因

切った要因になっていた。これらの要因は、①社会・環境問題への関心と強い感受性、②日本の学校や社会に対する違和感、③現状への悩みや不安、④自分の能力を高めたり試したりする機会への渇望の４つに分けられる（図5-8）。①については、学校や地域での活動を通して自然に慣れ親しんでいたことに言及する若者や、ドキュメンタリー映画やネットでの動画を視聴したことがきっかけで社会問題に強い関心を持ったと話す若者がいた。中には中学校受験の勉強をとおして様々な社会課題を知り、興味を持ったという若者もいた。社会や環境の問題に関心を持つにつれて、本当に今のままで良いのかという疑問を抱えていたという若者が多くみられた。②については、海外での生活や留学体験をとおして日本の慣習や文化が当たり前ではないことに気づき、居心地の悪さを感じていたことを話す若者が多かった。こうした若者には、他の国の若者が様々なトランジション・アクションを実践していることを目の当たりにして、自分にも何かできるのではないかという思いを抱くようになったという人が多くみられた。③については、学校で周囲の友人と馴染めない、いじめられる、学校がつまらない、親との関係が悪いといった、本人にとって辛い状況にあったことを挙げる声が多かった。こうした若者は自分にとって居心地のよい別の場を見つけたい、同じことで悩んでいる人を助けたい、周囲を見返したい等の思いがアクションにつながっている人が多かった。④については、自分の能力を高められるような機会が欲しい、就職や受験に有利になる活動実績が欲しいと常々思っていたことがアクショ

ンの背景にあったとのことである。

(2) アクションの実践

　(1)で述べたような背景を持つ若者がアクションの実践に至るには、何らかのきっかけが必要なはずである。多くの若者がきっかけとして挙げたのは、特定の社会課題や環境問題について深く学び、考える機会を得たことだった。具体的には、学校での探求学習、大学でのゼミ活動やサークル活動、環境系NGOへのインターンシップ、模擬国連・スタディツアー・アースデイなどへの参加が挙げられる。学校内での学習や活動がきっかけになっている人もいれば、外部団体が実施する学校外での活動に参加したことがきっかけになっている人もいた。こうした活動への参加がきっかけとなり、トランジション・アクションの具体的な方法を学び、アクションの実践機会や一緒に実践できる仲間を得たことが大きな要因となっていた。

(3) アクションの継続

　1回のアクションに留まらず活動を継続している若者からは、その理由として継続的に活動できる仲間や場、ネットワークを獲得したことの重要性が指摘された。彼らは複数の学校や学年をまたいだネットワークを有していることが多く、そこでの活動が充実しており、刺激に満ちたものであることがアクション継続の秘訣であると思われる。

(4) アクションの実践や継続を促進する要因

a. 同じ関心を持つ人がいるコミュニティの確保

　最初のアクションを実践し、その後も活動を続けている大きな要因として、社会や環境の問題を思いきり議論できるコミュニティを確保したことを挙げる若者はとても多かった。彼ら彼女らからは、通っている学校や家庭といった普段の生活コミュニティでは社会や環境の問題を真剣に議論にし難い、あるいは話題にすると周囲から「意識が高いね。」と揶揄されるのではないか

と危惧しているという意見が多く聞かれた。「周囲の友人コミュニティは、社会課題の話に興味を持ってくれないことが分かっているため、あえてそこで話題に出すことはしない。コミュニティを使い分けているのだ。」と話す若者もいた。また中には「周囲の友人や家族には、活動のことをあまり話さないようにしている。」という若者もいた。こうした「コミュニティの使い分け」をしていない若者はどうかというと、彼らの多くは社会的な活動に熱心な学生が多い学校に所属しており、学校や教師も生徒の社会的な活動を応援してくれる環境に恵まれていた。彼ら彼女らにとって「コミュニティの使い分け」は必要なく、自分たちの活動を周囲に隠すようなこともしていないようだ。周囲に社会的な活動をしている仲間や応援してくれる環境がない若者にとっては、まずは思い切り議論し、活動できる「場」を得ることが非常に重要な要素だと考えられる。

b. 同世代からの刺激と期待

　実際に活動の場に行ってみたら、自分と同じように、あるいは自分よりも積極的に活動している同世代の姿を目の当たりにし、自分も頑張らなければと奮起したという若者は多く見受けられた。ここで重要なのは「自分と同じ世代が」活動している姿を見たことである。中には同じ日本人ではなく、海外で活動する同世代の姿に刺激を受けたという若者もいた。インタビューでは「自分と同じ若者がこんなにすごい活動をしているなんて、悔しくなった。」「自分のように若い人でもここまでできるんだと思った。」という発言がいくつも出ていた。こうした活動する同世代からの刺激は、トランジション・アクションを実践する大きな要因になるだろう。また、実際に活動する中で、自分と同じような関心を持つ若い世代が多いことに気づいた若者もいた。彼ら彼女らにとってはアクションに賛同してくれる若い人は決して少なくないという実感と期待が、活動を意欲的に継続するモチベーションのひとつになっていた。

c. 大人からの刺激

　最初に挑戦するトランジション・アクションには、そのアクションを一緒に実践したり応援してくれたりする大人からの刺激が重要な役割を果たしていたという意見が多かった。具体的には、大人が真剣に社会的なアクションに取り組んでいる姿を見て感銘を受けたという意見や、企業に環境取り組みを提案しに行った際に、思っていた以上に大人たちが真剣に話を聞いてくれたことに感激したという意見があった。また、「自分のような若者にこんなアクションは無理だと思っていたが、周囲の大人が『こうすればできるよ』と教えてくれ、実際にやって見せてくれたことが大きな刺激になった。」という若者もいた。若者がトランジション・アクションに挑戦するためには、こうした大人の適切なサポートが非常に重要と考えられる。

d. アクションに対する満足感

　アクションを継続する要因として多くの若者が指摘したのは「自分たちのアクションがもたらしたインパクトを実感できた。」「周囲から評価された。」というアクションへの満足感だった。ある若者は「自分達の考えたことが形になる、無理だと思っていたことが実現する様を見て、もっとやってみたいと思うようになった。」と語っていた。また身近な人の意識や行動の変化を実感したり、活動をとおして他者から感謝を受けたりしたことが、本人の高い満足度につながっているケースもあった。一方で、政策の転換や地球規模課題の解決など、大きな目標を掲げて活動する若者の中には、自分達の活動のインパクトをなかなか実感できず、活動継続のモチベーションが大きく損なわれている若者もいた。協働的・社会的な環境アクションを重視する環境教育研究者のチャウラは、「活動の目標達成をとおして、成功を味わうこと」の重要性を指摘している（Chawla and Cushing 2007）。アクションを実践しようとする若者が、それぞれの発達段階や活動状況に応じた目標を設定することは、アクションに対するモチベーションを継続するための重要な要因だと考えられる。

e. アクションをとおして高まる自信と意欲

　アクションをとおして自分自身の意識や能力が高まり、それが更なる活動へとつながっていると言う若者が多く見受けられた。具体的には、活動する中で、大人や企業を説得するためには熱意だけでなくデータや論理だった説明が必要であることに気づき、そうした能力を身に着けることが自信につながったという若者や、誰かに誘われるのではなく、自分自身が本当にやりたいトランジション・アクションを模索するようになったという若者等が挙げられる。彼ら彼女らの多くは、自分達の初期のトランジション・アクションを客観的に振り返り、自分自身が何を得たのか、何が足りなかったのかを分析したうえで、次のアクションはもっと良いものにしようという意欲を高めていた。アクションを通して自分の成長を実感できるということも、活動継続の重要な要因といえるだろう。

第5節　おわりに

　本章では、トランジションに欠かせない先進的な取り組みに進んで参加しようとする人の特徴や、トランジション・アクションに至るまでのプロセスおよび影響要因を具体的に見てきた。トランジション・アクションをやってみたいという実践意欲は、地域への愛着や自己効力感など、様々な要因から影響を受けていたが、なかでも環境問題や社会問題への興味関心からの影響は強く、普段から身近な人と社会問題について話し合ったり、環境問題に関する情報を積極的に収集したりしている人は、トランジション・アクションに前向きであった。また、環境分野に限らず、人と協働して社会に働きかけるようなアクションを実践した経験のある人は、将来のアクションに対しても高い参加意欲を持っていた。ただし、過去にこうしたアクションを経験したものの、その成果に満足できなかった人は、逆に将来のアクションに対して非常に後ろ向きであることも判明した。したがって、トランジション・アクションに積極的な人を創出するためには、単にアクションを経験してもら

うだけでなく、当事者がアクションに満足感を得られるような配慮と工夫が必要である。

　若者へのインタビュー調査からは、トランジション・アクションに至るきっかけや動機にはいくつかのタイプがあり、タイプごとに異なるアクションの促進要因を持っていることが示唆された。それぞれのタイプに合わせたアクションのきっかけを的確に提供することが鍵であろう。特筆すべきは、アクションのきっかけとして、学校の授業やNPOによる環境イベントなど、フォーマルやノンフォーマルの教育の場（Coombs 1974）[10] が数多く挙げられたことである。調査前は「ご両親からの影響が大きいのではないだろうか。」とか、「特別な環境で育った人が多いのではないだろうか。」などの考えもあったが、実際にアクションを実践する若者らに会ってみると、そのような人はほとんどいなかった。多くの場合、社会への違和感や自分自身が抱える悩みと向き合っているときに、アクションのきっかけとなる学校授業や環境イベントに参加し、思いきり議論・活動できる仲間を得たことが、継続的なアクションの実践につながっていた。その実践プロセスでは、人と人、人と社会が相互に作用することによって、社会と個人の双方が成長していく様を確認することができた。つまり、トランジション・アクションに積極的な人を創出するために特別な条件や資質が必要なわけではなく、既存のフォーマル・ノンフォーマル教育を活用し、きっかけと場をうまく提供することができさえすれば、より多くの人がトランジション・アクションを実践できるようになる可能性が高いのである。フォーマル教育とノンフォーマル教育がより柔軟に連携し、学習者の個性や発達段階に応じたアクションの機会を増やしていくことが重要である。

注

（1）統計上からは偶然に起こったとは判定できない差のこと。
（2）3つ以上の平均値の相違を検討する場合に用いる手法のこと。
（3）要因の水準が3つ以上あり、分散分析の検定結果が有意である場合に、どの群とどの群に差があるのかを明らかにする手法のこと。

（4）分析の細かな手順や条件については、Mori, T. et al.（2021）を参照。

（5）本調査は環境再生保全機構の環境研究総合推進費戦略的研究S-16-2（JPMEERF16S11620）の助成を得て実施した。

（6）分析の細かな手順や条件については、Mori, T. and Tasaki, T.（2019）を参照。

（7）本調査はJSPS科研費基盤研究（B）20H04396の助成を得て実施した。

（8）Fridays for Futureは、スウェーデンの環境活動家グレタ・トゥーンベリが、気候変動に対する行動の欠如に抗議するために、１人でスウェーデンの国会前に座り込みをしたことをきっかけに始まった世界的な運動である。日本での活動の詳細はウェブサイト（https://fridaysforfuture.jp/）を参照。

（9）当時10歳と12歳だったバリ島に住む姉妹メラティとイザベルが始めた、プラスチック削減運動である。彼女たちの運動がきっかけとなり、2019年１月からバリ島ではレジ袋の無料配布が禁止された。詳細はウェブサイト（http://www.byebyeplasticbags.org/）を参照。

（10）学校などの公的な教育の場をフォーマル教育とよび、フォーマル教育のフレームワーク外で実施される、組織化されたシステマティックな教育活動をノンフォーマル教育と呼ぶ。定義の詳細については第６章2.2節を参照。

参考文献

稲葉陸太、田崎智宏、小島英子、河井紘輔、高木重定、櫛田和秀（2017）地域資源循環事業活動の戦略的視点からの経緯分析.廃棄物学会論文誌、28、87-100.

環境省（2019）環境にやさしいライフスタイル実態調査報告書.

田崎智宏ら（2016）物語で理解するバイオマス活用の進め方～分別・リサイクルから利用まで～. 92p.（https://www.cycle.nies.go.jp/jp/report/biomass_guide.html）

広瀬幸雄（2008）環境行動の社会心理学、㈱北大路書房、京都.

ミンツバーグら（2013）戦略サファリ第２版、東洋経済新聞社.

Chawla, L., and Cushing D. F.（2007）Education for strategic environmental behavior, Environmental Education Research, Vol.13, No.4, pp.437-452.

Mori, T. and Tasaki, T.（2019）Factors influencing pro-environmental collaborative collective behaviors toward sustainability transition-A case of renewable energy, Environmental Education Research, Vol.25, No.4, pp.566-584.

Mori, T., Boontinand, V., Tasaki, T.（2021）Designing educational programs to promote environmental civic actions in Japan and Thailand: The case of renewable energy, Japanese Journal of Environmental Education, the third special issue of Environmental Education in Asia.

コラム6　取り組みを進める18のキーアクション

　トランジションの取り組みを進めるといっても「言うは易し行うは難し」である。第４章などで述べた取り組みも、最初から現在に至るまで順風満帆に進んだわけではない。そうなると、私たちがトランジションの取り組みを進める上で大切なことは、戦略的に考え、意味のあるキーアクションを講じることである。

　戦略については、ビジネス戦略などのいろいろな知見がこれまでに蓄積されている（例えば、ミンツバーグら（2013））。いろいろな理解の仕方がありえるが、ここでは戦略を４つの側面で捉えてみる。道筋をつける「計画面」、仲間を増やし取り組みの体制を固めていく「組織面」、やってみる「実践面」、周囲を説得する「交渉面」の4つだ。一つの側面ばかり取り組むのではなく、これらの4つの側面をうまく進展させるアクションが大切となる。生ごみリサイクルの事例を通じて調べられた18のキーアクションが下表のとおりまとめられている。取り組みに行き詰ったときには、これらのキーアクションのなかでできることがないかを考えてみるとよいだろう。[田崎 智宏]

表　取り組みを進める18のキーアクション（田崎ら（2016）を改定）

キーアクション名	内容
① 計画策定	到達目標を見える化する。宣言やビジョン策定を含む。
② キーマン説得	首長・上長や中心的立場の方を説得する。
③ 組織への勧誘	新たな仲間を増やす。関わっている人をさらに巻き込む。
④ 他組織連携	他の組織から反対がでないように、あるいは協働して取り組みの効果を高められるように連携する。
⑤ 担当の設置	担当部署を設置したり、特命職や専属担当を選任したりする。
⑥ 情報収集	書籍や報告書、ネット上の情報などの調査に加え、文字化されていない情報をヒアリングする。
⑦ 先進事例視察	先進的に取り組みを行っている地域での関係者ヒアリングや施設見学、現地調査を行う。
⑧ 試行事業	小さな規模でやってみる。有効性や実行性を確認し、課題発見を行う。机上の考えにおける思い込みを修正する。
⑨ 活動説明会	定期説明会を開催するなどして、支援者へのフィードバックを行う。支援者をつなぎとめ、協力意向を高める。説明する側にも、深い理解や取り組みに参画した満足度を高める効果をもたらす。
⑩ 広報	イベント、広報誌、Ｗｅｂ、チラシ、プレスリリースなどで対外的に取り組みを発信する。
⑪ 非公式な広報	個人的なつながりで情報を伝える（口コミ）。より響くメッセージとなりやすい。
⑫ 非公式な交流	懇親会などの普段と異なる場で説明や対話を行う。互いに本音で話をしやすくなる。肩書きといった立場での交流ではなく、一個人としての交流をする。
⑬ 識者講演・助言	専門家による講演や有識者による助言をもらう。外部の人からの説明で説得される人も少なくない。自分達が気づいていないことや最新情報を得ることもできる。
⑭ アンケート実施	人々の賛成度や協力意向を調べる。取り組みを進めるうえでの説得材料や説明資料となる。
⑮ 競合回避	競合する活動や製品などとの棲み分けや差別化を行う。自分達がやらない方が効果的なこともある。不要な対立を避ける。
⑯ ブランド化	キャッチコピーの考案、ロゴの作成、キャラクターの制作などを行う。
⑰ 権威付け・保証	独自基準の設定や既存基準の利用により、自分達の活動や成果物などが一定の水準を満たしていることを示す。
⑱ 評価	貢献者を表彰する。取り組みの効果を評価する。

第6章

社会と人、人と人との相互作用を基礎とした「人づくり」

森 朋子

第1節　はじめに

　第4章から第5章にかけて、トランジション・アクションを実践する人や、アクション実践までのプロセスをみてきた。そこでは、トランジション・アクションの実践によって社会が変容し、また実践した本人もスキルアップや自己効力感の向上といった個人変容が促され、それが更なるアクションの実践につながるという、社会変容と個人変容の連環をみることができた。また、トランジション・アクションに関わる人同士も互いに刺激を受けあい、相互に成長していく姿がみられた。そこで本章では、どうすればサステナビリティ・トランジションに積極的な人を創出できるのかについて、社会と人、人と人との相互作用を基礎としながら、人づくりの要件を論じるとともに、先進的な取り組み事例を紹介する。

第2節　人づくりにおいて留意すべき点

　サステナビリティ・トランジションに貢献できる人づくりを論じる前に、まずは「人づくり」や「学習」全般において留意が必要な点について考えてみよう。

Key Word：フォーマル教育とノンフォーマル教育、学習者のイニシアティブ、
　経験と満足度、協働を通した学び、問題解決に向けたアクション

2.1　対象者の発達段階や学習段階への考慮

　あたり前のことだが、人はある日突然、何かの能力が身についたり、技能が必要な行動ができるようになったりするわけではない。能力は一度に習得できるものではなく、学習者の発達段階や学習のレベルに応じて、段階的に習得するものだと言われている。こうした発達科学の分野では、古くはハヴィガースト（Robert James Havighurst, 1953）が各発達段階で達成すべき発達課題（Developmental task）を乳幼児期、児童期、青年期といったライフステージにわけて提唱している。またエリクソン（Erik Homburger Erikson, 1980）は人間の心理社会的な発達に着目し、生まれてから老いるまで人生の各ステージにおける主な発達事項をライフサイクル理論として提唱している。両者の理論のうち、学童期から青年期にかけてトランジション・アクションに関わる発達段階を**図6-1**にまとめる。

　図6-1をみて分かるとおり、一般に小学生のころは家族や友人といった近しい人間関係の中で他者との関わり方を学び、自分の特性や能力を自覚する発達段階である。またその人の基礎となる道徳性や価値観が大きく発達する時期でもある。中学生から高校生の発達段階になると、より交友関係が広くなるとともに、社会人や市民としての自覚が芽生え、「社会の中での自分」の役割を考えられるようになると言われている。したがって、例えば小学校３年生が対象の学習プログラムで社会と個人との関係を理解させ、市民としての能動的な行動を促そうとするのは難しい可能性が高い（社会ルールの重要性を学ぶ学習、すなわち市民としての受動的な行動を促す学習は可能だろう）。また逆に、日常生活の中で一人一人が実践すべき環境配慮行動を考えさせるような学習プログラムは、高校生や大学生には物足りない、あるいはつまらないと感じられるだろう。人の発達にも個性があるため、必ずしもすべての人が**図6-1**のような発達段階を経るわけではないが、学習プログラムの対象者が小学生の場合と、高校生の場合とでは、その内容や達成目標を変える必要があることは明白だ。

	小学校　　　中学校	高校　　　　大学
ハヴィガーストの発達課題	・遊び友達とうまく付き合う学習 ・良心・道徳性・価値観の適応的な発達 ・社会集団や社会制度に対する態度の発達	・両性の友人との交流と新しい成熟した人間関係を持つ対人関係スキルの習得 ・市民として必要な知的技能と概念の発達 ・社会人としての自覚と責任、それに基づいた適切な行動 ・行動を導く価値観や倫理体系の形成
エリクソンの心理社会的発達論	心理社会的危機：勤勉性vs劣等感 重要な対人関係：近隣、学校 ・友人との関わりの中で自分の能力を自覚する。	心理社会的危機：アイデンティティとアイデンティティの混乱 重要な対人関係：仲間集団 外部集団 ・自分の本質と他者との違いを認識する。 ・基本的な世界観を形成する。

Havighurst（1953）とErikson（1980）をもとに筆者作成

図6-1　学童期から青年期における発達段階

　既存の発達科学の知見を踏まえると、他者と協働し、市民として社会に働きかけるトランジション・アクションを学習するのは、早くても小学校高学年、できれば中学校以降の発達段階が望ましいようにみえる。実際に、市民的行動（Citizenship behaviors）を促進する海外の学習プログラムをみても（詳細は第4節を参照）、対象は中学生から大学生に設定されているものがほとんどである。

　また、平均的な発達段階だけでなく、その人の学習が今どの段階にあるのかについても考慮する必要がある。ハンガーフォードとヴォルク（Harold R. Hungerford and Trudi L. Volk, 1990）は、社会に参画する集団での環境行動を市民的行動（Citizenship behaviors）と呼び、その重要性を説いたうえで、そうした行動に至るまでの学習段階をエントリーレベル、オーナーシップレベル、エンパワーメントレベルの3段階に分けて整理している。彼らによれば、エントリーレベルは環境について学ぶ最初の段階であり、環境への感受性や態度、環境問題に関する基本的な知識を身に付ける段階である。その次の段階であるオーナーシップレベルは、問題についての深い知識を学び、環境問題を自分のこととして捉え、個人の行動を変容しようとする段階である。最後の段階はエンパワーメントレベルと名付けられており、この段

147

階では市民的な行動を起こすための知識とスキルを習得し、社会に参画しながら具体的な問題の解決に貢献しようとする段階である。環境教育・ESDを実施する際には、学習者が現在、上述した３段階のどの段階に達しているのかを見極めることが重要である。

2.2 様々な学びの場の活用と連携

　一般に「教育」というと、学校での教育が想起されがちである。しかし１人の人間が学び、成長していく過程に影響を及ぼすのは、学校だけではない。学校外で実施されている学習プログラムや、家庭や地域等での活動も、人間の成長に大きな役割を担っている。アメリカのクームス（Philip H. Coombs, 1974）は、フォーマル教育、ノンフォーマル教育、インフォーマル教育という３つの学びの場を定義している。それぞれの特徴を**表6-1**に示す。

　教育において、学校を中心とするフォーマル教育が重要であることは間違いないが、フォーマル教育のみにすべての役割を課すのは現実的ではない。例えばフォーマル教育とノンフォーマル教育、あるいはインフォーマル教育が効果的に連携し、学習者がさまざまなライフステージや活動の場で、総合的に能力を育成できるような仕組みが必要である。こうしたそれぞれの教育の場が相互連携することは、単に個人の学習機会が増えるというだけではなく、さまざまな場での活動をとおして、一度学んだことへの理解がさらに深まり、具体的な行動につながるという学習効果も期待できる。また、教育の場に関わる多様な立場のステークホルダーがつながることで、個々の場における教育のみでは得られなかった波及効果が生まれる可能性がある。たとえば、企業がCSRの一環として一般の人に環境学習プログラムを提供した場合、これはノンフォーマル教育に該当するが、プログラムの参加者はもちろんのこと、プログラムを提供した企業の社員個人の社会や環境に対する意識も向上する効果が見込める。また、社員自身もそのプログラムに参加するようなケースであれば、その社員が家庭に帰ってから、インフォーマル教育として家族にも良い影響をもたらすことができるだろう。この他、学校というフォ

表6-1　クームスが定義する3つの学びの場

フォーマル教育	小学校から大学までに至る、高度に制度化された年代段階的、階層的な教育システム。いわゆる学校教育を指す。
ノンフォーマル教育	フォーマル教育のフレームワーク外で実施される、組織化されたシステマティックな教育活動。特定のグループに、特定の学習内容を提供する。たとえば、農業従事者へのトレーニングプログラム、成人向けの識字教育、職業訓練プログラム、教育目的を含む青少年クラブのプログラム等である。NGO や民間企業が提供する環境教育プログラムはここに該当する。
インフォーマル教育	家庭、仕事、遊び等の場で知識、スキル、態度、考え方等を習得する、生涯にわたる学習プロセス。家族や友人の態度、旅行、本や新聞、ラジオ、映画、テレビ等からの学びを意味する。インフォーマル教育は組織化されていないが、すべての人々への生涯学習に大きな影響を与えている。

Coombs（1974）をもとに筆者作成

ーマル教育の場で環境について学んだ子ども達が、家族の生活スタイルに影響を及ぼすケースは、よく聞かれる連携事例のひとつである（インフォーマル教育に該当）。したがって「人づくり」の場を考える際には、フォーマル、ノンフォーマル、インフォーマルといった多様な学びの場を活用することや、それらの学びの場を連携させることが重要である。

2.3　多様な役割とアクションを前提とした学び

　自分が学生だったころを思い返してみると、クラスで毎年学級委員長を任されるようなリーダータイプの子や、その委員長をいつも横で支えているサポータータイプの子、あるいはそうしたクラス運営にはいつも無関心な子など、いくつかのタイプの友人を思い出す人が多いのではないだろうか。しかし大人になり、様々な仕事や社会活動を営むようになると、いつもリーダー役、いつもサポーター役というわけにはいかなくなる。これは役割だけでなくアクションについても同様で、いつも何に対しても集団での能動的な行動が実践できるわけではなくなるし、また逆に、個人での受動的な行動だけで済まされない場面も出てくるかもしれない。佐藤と高岡（2014）によると、

持続可能な社会の実現に向けた人々の行動は、個人‐集団、能動的‐受動的の２軸で整理することができるものの、こうした行動は生涯固定的なものではなく、様々な資源や機会の投入、あるいはイノベーションの普及などにより移り変わるとされている。実際に第５章第４節で紹介した若者へのインタビュー調査でも、最初はフォロワーであったが、活動をとおして成長するにつれてリーダーに変容した若者や、ある活動ではリーダー役をこなしているものの、同時並行で進めている別の活動ではサポーター役に徹しているという若者が何人もみられた。このように、タイミングや状況、活動のテーマ等によって、どんな役割を担うのか、どんなアクションが期待されるのかは様々である。重要なことは、その時々に応じて適切な役割を担うことができ、多様で戦略的なアクションを実践できることではないだろうか。なにもみんながみんな、リーダーになる必要はないのである。

　したがって「人づくり」のプログラムを考える際には、ある問題に対して、ひとつの役割だけを設定したり、特定のアクションのみを学んだりするのではなく、その問題を解決するためにどんな役割が必要なのか、またどんなアクションが有効なのかを幅広く学ぶことが重要だろう。さらに、問題に対するオーナーシップを高めるためには、今の自分が担える役割とアクションを考え、他者と協働しながら実践してみることが有効だろう。特に、いつもリーダー役ばかりを担っている人や、いつもサポーター役に徹している人には、機会があればいつもとは異なる役割も経験してみて欲しい。一度普段とは異なる立場を経験すると、その立場における視点が分かるとともに、その苦労を知ることができる。その結果、協働的なアクションへの理解度がよりいっそう深まり、効果的な協力につながるからである。

第３節　トランジションに資する人づくりで重視する点

　第５章で紹介したアンケート調査やインタビュー調査の結果をもとに、国内外の教育関係者や研究者との議論を踏まえて、トランジションに資する人

づくりで重視すべきと考えられる点を整理した。以下の３点にまとめることができる。

3.1　トランジション・アクションの経験

　第５章では、問題解決に向けて地域での話し合いの場に参加する、みんなで議論して行政や企業に意見書を送るといった、他者と協働して社会に働きかける活動の経験が豊富な人ほど、将来のトランジション・アクションへの実践意向も高い傾向があることを述べた。またこうした人たちは、過去の経験をとおして「私は人とうまく協働できる」という対人関係コンピテンスへの高い有能感を醸成している傾向にあった。したがって、トランジション・アクションを実践できる人を作ろうとするならば、その学習プログラムにはトランジション・アクションの経験が含まれていなければならないだろう。こうした学習者の経験を重視する教育思想は古くからあり、有名なのはアメリカの教育哲学者デューイ（John Dewey, 2019）による経験主義教育である。彼は伝統的な講義形式・記憶中心の授業に疑問を持ち、問題解決のために学習者が能動的に行動し、その行動の結果を自ら省察することによって、実生活で活きる知識を習得できると考えた。このように、考え、予測し、行動してみて、その結果を省察し、さらに次の行動につなげていくという学習プロセスの重要性は、コルブ（David A. Kolb, 2015）の経験学習モデルでも指摘されているし、第３章で紹介したOECDのEducation 2030でも同様の議論がされている。

　さらにここでもうひとつ重要なことは、単にトランジション・アクションを経験すればよいというわけではなく、その行動に対して学習者が多少なりとも満足感や達成感を得る必要があるということである。第５章で述べたように、過去にトランジション・アクションを経験したものの、その経験に不満を抱いていたり、自分のアクションが及ぼすインパクトに満足していなかったりする人は、将来のトランジション・アクションへの実践意向が極めて低い傾向にあった。つまり、経験した行動を省察したとき、「得るものがあ

った」、「意味があった」などと思えなければ、「もうこんなことはやめよう」という心境になるのが人間なのだ。こうしたアクションに対する達成感や満足感の重要性はチャウラら（Chawla and Cushing, 2007）も指摘しており、学習プログラムのなかで経験するトランジション・アクションの満足度を高めるために、複数の段階的な達成目標を設定することを提案している。また、プロジェクトを始めるときにどこまで達成できればよしとするのか、学習者と議論しつつも、彼らの発達段階やプロジェクトの期間等を考慮して、現実的に達成可能な目標を設定することも重要だろう。

　学習プログラムをとおしてトランジション・アクションを経験すれば、誰もが将来トランジション・アクションを実践できる人になるわけではない。しかし数々の研究理論や、筆者らの調査結果を踏まえると、過去にトランジション・アクションを経験し、その成果に満足できた人は、そうでない人よりも明らかに将来のトランジション・アクションに対する実践意欲が高く、「経験すること」が人づくりの重要な要件であることは明らかである。トランジション・アクションの経験を含む学習プログラムが広く普及すれば、トランジション・アクションを実践できるポテンシャルの高い層がより厚くなり、サステナビリティ・トランジションが起こりやすくなることが期待できる。

3.2　コンフリクトやジレンマの取り扱い

　「環境問題について身近な人とよく話す」、あるいは「テレビ、インターネット、本等を活用して環境問題の情報を積極的に得るようにしている」といった環境問題への強い興味関心を持つ人は、トランジション・アクションへの実践意向も非常に高い傾向にある。従来、学習者の興味関心というのは学習意欲を高めるうえで重要だとされてきたが（鹿毛 1995）、それだけでなく、学習後の学習者の行動にまで影響するということが示唆されたのである。

　ではいったい、どんな学習が学習者の興味関心を高めるのだろうか。多くの教育研究者・実践者は、本質的な問いを設定することの重要性を指摘して

いる（松原・高坂 2017；藤原 2020）。本質的な問いとは「深い問い」「豊かな問い」「エッセンシャル・クエスチョン」などとも呼ばれるもので、簡単には答えることができない、広範で革新的な思考、何層にも重なる探求を促す問いのことである（藤原 2020）。最初からなんとなくゴールが見えている予定調和的な学習や、調べれば簡単にひとつの答えが見つかるような学習では、こうした本質的な問いを立てることは難しいだろう。むしろ、物事の見方によって、あるいは問題に関係する立場によって答えが変わってくる、リアルで臨場感のある問題を扱う学習がふさわしく思える。筆者はこれまで様々な環境問題の現場に関わってきたが、現実の社会で対応が求められている問題のほとんどは、様々なステークホルダーが対立し、互いの利権が複雑に絡む、コンフリクトとジレンマに満ちたものであった。こうしたコンフリクトやジレンマとどのように向き合い、対処していくのかを考えることは、学習者に本質的な問いを突き付け、興味関心をおおいにそそるのではないだろうか。第3章で紹介したOECDのEducation 2030プロジェクトにおいても、「変革をもたらすコンピテンシー」の構成要素のひとつとして、「対立やジレンマに対処する力」が挙げられており、その重要性が改めて指摘されたところである（白井 2020）。

　対立やジレンマに対処するためには、自分と異なる立場の人の背景を理解し、敬意をもって対話するという、高度な対人関係コンピテンスが求められる。また、完全な合意を目指すのではなく、互いの違いを前提としつつも、それぞれが納得できる解を見つけ出す戦略的コンピテンスも必要である。つまり、コンフリクトやジレンマを扱う学習は、トランジション・アクションに強く影響する学習者の興味関心を高めることができるだけでなく、トランジション・アクションに必須のコンピテンスを育成することにも役立つと考えられる。

　それでは、コンフリクトやジレンマが含まれる学習プログラムとは具体的にどのようなものだろうか。例えば、プラスチック使用量の削減に向けてどこまで有料化を進めるべきかを考える、地域農業に悪影響を与えている希少

動物をどのように保護すればよいかを考えるなど、学習プログラムで扱うテーマ自体にコンフリクトやジレンマが含まれるものが考えられる。こうした複雑なテーマを学ぶためには、本や身近な人の知識だけでは不十分なケースが多いことから、専門家に意見を求めたり、関係者がどのような意見を持っているのかインタビュー調査をしてみたりすることが有効だろう。また、問題の解決に向けて、何らかのトランジション・アクションを実践しようとするプロセスに、コンフリクトやジレンマが含まれるものも考えられる。地域の活性化や美化など、学習テーマそのものにはコンフリクトの要素がないものであっても、例えば地域をきれいにする活動に必要な経費の支援を自治体に求めるアクションを実践しようとすれば、自治体の担当部局や議会との交渉が必要となるし、場合によっては、別の取り組みへの予算請求をしている、その他の団体との調整や対話も求められるかもしれない。こうした数々のハードルを乗り越えるプロセスに、コンフリクトやジレンマへの対処法を学ぶ要素が含まれている場合もある。

3.3 学習者のイニシアティブ

筆者は、大学での授業や依頼された講演などで、参加者に「あなたは環境問題の解決のためにどんなことができると思うか。」とよく尋ねる。すると、相手が小学生だろうが大学生だろうが、ほとんどの場合、マイバックの持参、省エネ、ごみの分別といった個人が日常生活の中で実践できる取り組みが返ってくる。こうした個人での日常的なアクションは非常に重要であり、できるだけ多くの人に実践してもらいたいものである。しかし一方で、誰かと協力して実践するアクションや、社会に働きかけるアクションが全く出てこないというのも問題である。筆者が「こんなアクションもありえるよね。」と、署名活動や環境団体への参加などを例に挙げてみせると、皆、「ああ、確かにそんなアクションもあるな。」という反応をみせる。しかしまだどこか腑に落ちていない表情の人が多い。

なぜ個人でのアクションはいくらでも出てくるのに、他者と協働したアク

ションや社会に働きかけるアクションはなかなか出てこないのか。おそらく、アクションの種類として知ってはいるものの、「自分が関わること」として認知されていないことが原因なのではないだろうか。問題や行動について、どの程度自分が関わるものだと考えているかという「責任帰属認知」は、環境配慮行動に影響をおよぼす要因のひとつとして、広く知られている。あたり前のようだが、どんなにその問題が重要だと分かっていても、自分が関わることと認知されなければ、その人の行動の選択肢には入らないのである。実際に、第5章で述べた結果を見てみても、トランジション・アクションをどの程度自分が関わるアクションだと思っているかという「アクションへの責任帰属認知」が低い人は、トランジション・アクションの実践意向も低い傾向にある。

　前節では、トランジション・アクションを経験し、満足感や達成感を味わうことが重要だと述べた。これは、こうした経験をとおして、自分はトランジション・アクションを実践できるという気持ち（実行可能性評価）や、トランジション・アクションは有効な手段だという気持ち（対処有効性認知）を醸成することができるからである。しかし、もしその経験が周囲の大人たちに「やらされている」ものだったり、過度にお膳立てされたものだったりすると、もうひとつの大切な要素である「アクションへの責任帰属認知」が十分に身につかない可能性が高い。重要なことは、トランジション・アクションを経験する学習プログラムの中で、できるだけ学習者が自らの学習の主導権、つまりイニシアティブを持つことである。具体的には、どんな社会課題に取り組むのか、どんなトランジション・アクションを実践するのか、アクションによって誰にどんなインパクトを与えることを目標とするのか、こうしたことを学習者らが自ら話し合って決めることが考えられる。アクションを成功させるために、どんな手段をとるのかを学習者が決めることもあり得るだろう。また、周囲からの過度なお膳立てをなくすことで学習者に主導権を持たせるのであれば、アクションの実践に必要な物品、人、費用、情報などのリソースを学習者自身で準備してもらうことも考えられる。

この際、学習プログラムを提供する側にとって特に悩ましいのは、「学習者にどこまでイニシアティブを持たせるのか」という点だろう。なぜなら、これは学習者の発達段階や学習レベル、学習者らを取り巻く環境に大きく影響を受けるからである。筆者が北欧の国々で実践されているアクション・コンピテンス・プログラム（詳細は4.3節で述べる。）を取材した際、デンマークのある学校教諭は「最初からすべての主導権を生徒に渡すのではなく、発達段階に応じて、少しずつ生徒に渡す主導権の数や内容を増やしていくようにしている。」と語っていた。例えば、小学校低学年の段階では、教諭が提示した選択肢の中からクラスで育てる植物の種類を決める、高学年になるとディスカッション形式での授業の机の配置やグルーピングを生徒らが決める、中学生になるとディスカッションの内容やプロセスまでも生徒らが決める、といった具合である。

　学習プログラムにおいて、学習者に主導権を持たせることは、学びに対する主体性を育むだけでなく、そこで学ぶ社会課題を自分のこととして捉えることや、学びをとおして実践するアクションに責任を持つことに対しても、効果が期待できる。ただし、前出のデンマークの学校教諭が語ったとおり、こうした学習者のイニシアティブは一朝一夕に実現するものではない。学習者が自身の発達段階に合わせて、段階的に主導権の幅を広げていけるよう、長期的な学習プロセスを考慮することが重要である。

第4節　先進的な事例

　ここからは、トランジション・アクションに積極的な人づくりに有効だと考えられる4つの事例を紹介していきたい。筆者がこれまでに研究で関わってきた国内の2つの事例と、筆者が取材してきた海外の2つの事例である。それぞれの特徴を表6-2にまとめたので、気になる事例から読んでいただいてもかまわない。

表 6-2　第 4 節で紹介する事例の特徴

事例名	実施国	実施主体	主な特徴
三井物産 サス学アカデミー	日本	三井物産㈱ ㈳サステナビリ ティ・エンパワー メント	・小学校 4 ～ 6 年生向け ・短期プログラム（5 日間） ・社会課題に興味を持つきっかけ作り ・初期レベルの協働体験
未来ワークショップ	日本	NPO 法人 地域持続研究所	・中学生～高校生向け ・短期プログラム（1 日～ 2 日） ・バックキャスティング思考の活用 ・政策提言の体験
アクション・コンピテンス・ プログラム	北欧諸国	学校	・小学校高学年～大学生向け ・長期プログラム（半年～ 1 年） ・学習者の強いイニシアティブ ・コンフリクトを含む地域課題への取り組み
アース・フォース・ プログラム	米国	Earth Force （非営利組織）	・中学生～高校生向け ・長期プログラム（1 年） ・地域に向けた戦略的アクションの実践 ・ステークホルダーとの協働

4.1　三井物産サス学アカデミー

（1）概要

　三井物産サス学アカデミーは、同社が2014年より毎年 1 回主催している、小学生向けの短期学習プログラムである。企画・運営は、サステナビリティをテーマとした学習を実践している㈳サステナビリティ・エンパワーメント（千葉県柏市の私塾「ネクスファ」などを運営）が支援しており、筆者は初年度の2014年から 3 年間、同プログラムの評価に関わったほか、2020年にはこれまでのプログラム参加者と保護者へのアンケートおよびインタビュー調査を実施した。

　このプログラムは、新聞やウェブサイトをとおして公募した小学校 4 ～ 6 年生の約30名を対象としている。子供たちが夏休みの 5 日間をかけて、今の社会で起きている問題や、将来発生が危惧されている問題を学び、どんな解決策があり得るかをチームで話し合いながら考える内容である。様々な社会

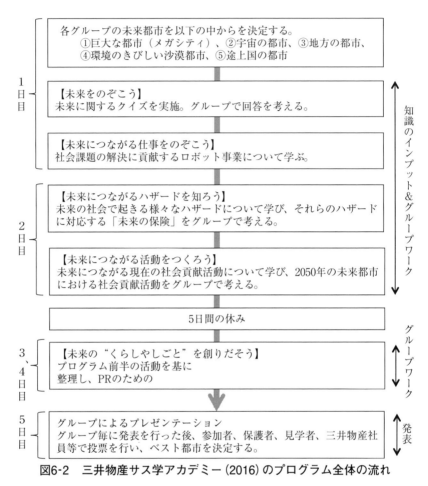

図6-2　三井物産サス学アカデミー（2016）のプログラム全体の流れ

課題に関わる仕事を世界中で展開しているという、総合商社ならではの特徴を生かして、実際に三井物産の社員が講師として登場し、問題解決策のひとつとして同社が取り組んでいる事業を紹介する場面も盛り込まれている。食、モビリティ、健康など、毎年テーマを変えながら実施されているが、プログラムの大きな流れは同じである。例として、ここでは「未来の「くらしやしごと」を創りだそう」をテーマに開催された2016年のプログラムの詳細を紹介する（**図6-2**）。

写真6-1　グループで議論しながら意見　　写真6-2　議論の成果をレゴブロックで
　　　をまとめる様子（三井物産㈱　提供）　　　　　表現する年もある（三井物産㈱
　　　　　　　　　　　　　　　　　　　　　　　　　提供）

　プログラム前半の１、２日目は未来の社会を考えるうえで必要な知識のインプットに主軸を置きつつ、課題を理解するためにいくつかの小規模なグループワークが組み込まれている。プログラム後半の３、４日目は、前半で獲得した知識とグループワークの成果を活用して、グループメンバーと協働しながら未来の社会に求められる様々な取り組みについてまとめ、最終日である５日目には、これらの成果を保護者や三井物産社員の前で発表するという設計であった。

(2) 社会課題への興味関心

　同プログラムに対する評価研究のなかで、どの年の参加者にも見られたのは、このプログラムへの参加が社会課題に興味関心を持つきっかけになっていることだった。参加者へのアンケート調査で、「今後も積極的に社会に関する情報を収集しようと思うか」、「社会で起きている問題等について身近な人と議論しようと思うか」と尋ねたところ、いずれの年も「とてもそう思う」または「どちらかといえばそう思う」という回答が90％を超えていた（森・田崎 2015）。また2020年に実施した保護者へのアンケート調査では、「サス学アカデミー参加後に家庭で実施したこと」として、回答者の70～80％がサス学アカデミーで学んだことや、今の社会で起きている問題について子供と話したと回答している（**図6-3**）。

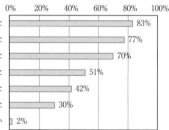

図6-3　サス学アカデミー参加後に家庭で実施したこと（n=53）

　以下は、2020年に実施した過去の参加者へのインタビュー調査での発言である。いずれも、サス学が社会課題に興味を持つきっかけとなり、ニュースを見るようになったり、身近な人と話すようになったりしたことが語られている。

　　　サス学に参加するまではあまりニュースを見なかったけど、サス学をきっかけにニュースの中にサス学で学んだ言葉が出ていることに気づいて、よく見るようになった。時事問題に対する視野が広がったし、良い経験になったと思う。（高校1年生・女性：プログラム参加時は小学4年生）

　　　サス学に参加してから、ニュースを見るときは、「ニュースは一つの立場から物事を見てるんだ」と考えるようになった。総理大臣はこんなこと言ってるけど、どう思う？と父親や母親の意見も聞いてみるようになった。（高校1年生・女性：プログラム参加時は小学6年生）

　参加者は小学校高学年なので、ごみ問題やエネルギー問題など、いくつかの社会課題については学校や家庭で学んだことがあったはずだが、そうした社会課題に対して企業がどのように取り組んでいるのかを知る機会はほとんどなかっただろう。また、現在の社会で起きている問題を学ぶことはあっても、自分たちが大人になる2050年にどんなことが問題になっているのかを考

える機会も、学校や家庭では少なかったに違いない。こうしたいつもとは違う視点から社会課題を学ぶことで、学習者の興味関心が高まったと考えられる。

(3)　自分とは異なる意見との出会い、協働の体験

　サス学アカデミーは公募制なので、参加者はプログラム初日に初めて他のメンバーと出会うことになる。首都圏からの参加者が比較的多いものの、中には地方から保護者と泊りがけで参加する人もいる。そうしたこれまで会ったことのない、学校も学年も違う子らが5〜6人のグループに分けられ、初日からグループで話し合い、成果物を作っていくのだ。当然のことながら、他者と前向きに話し合い、うまく協働する能力が求められる。小学生なので、プログラムの途中で、意見のぶつかり合いから喧嘩をしてしまう子や、途中で泣いてしまう子が出ることもあるが、そうしたグループも5日間のアクティビティをとおして徐々にうまく話し合いができるようになり、最後のプレゼンテーションでは見事なチームワークを発揮してくれる。

　2020年に実施した過去の参加者へのアンケート調査において、「あなたにとってサス学アカデミーへの参加はどのような体験だったか？」を複数選択式で尋ねたところ、「普段は出会うことがない別の学校の子や大人とたくさん話した体験」、「他の人とうまく話し合ったり、協力しあったりする方法を学んだ体験」と回答した人は、それぞれ67％、48％であり、同プログラムが対人関係コンピテンスを向上させる経験のひとつとして位置づけられていることが分かる。

　また、これまで実施してきた調査では、自分とは異なる他者の意見や発想に驚き、それを基に自分自身の考えを広げたり、深めたりすることができたという回答も多く見られ、単に仲良くグループ作業ができたというだけでなく、参加者にとって刺激のある議論が展開されていた様子が伺えた。さらに、サス学アカデミーでのグループワーク体験をとおして、自分とは違う才能を持つ人の存在に気づき、それぞれの特性に応じた役割分担の重要性を学んだ

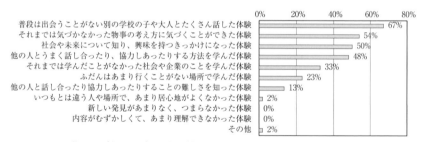

図6-4　サス学アカデミーがどのような体験だったかを尋ねた質問への回答結果（n=52）

という声も聞かれた。以下は、過去の参加者へのアンケート・インタビュー調査での回答である。

　　サス学では、いろんな人が集まってグループワークをたくさんした。自分が思っている以上に、いろんな人、考え、伝え方があるんだと知った。自分よりも上を考えている人がいる、自分の意見をしっかり持った人がいっぱいいると思った。（高校１年生・女性：プログラム参加時は小学４年生）

　　班の皆で話し合っていくうちに考えが深まり、またどんどん新しい意見が出てくることで、自分の考えが具体的になっていくことが楽しかった。また別の学校の人と話し合うことで、普段学校の友達と話し合うときとは違うアイデアが出てくることが面白かった。（中学２年生・男性：プログラム参加時は小学５年生）

　　自分は小学校のとき児童会長をしていた。リーダーの仕事をするのが好きだったが、そのときは全ての仕事を自分でしようとしていた。実際、１人でやり過ぎてパンクしそうになったこともある。でもサス学をとおして、周りにはいろんな人がいて、自分より得意な分野をもっている人がいると学んだ。１人１人、できることが違うんだと実感した。それからは、人に頼るのがいいリーダーだなと思うようになった。（中学校３年生・女性：

162

　プログラム参加時は小学6年生）

　サステナビリティ・トランジションを実現するためには、自分とは異なる
意見の人とも建設的な議論ができるという高度な対人関係コンピテンスが求
められる。小学校高学年の発達段階では、自分とは異なる意見や得意分野を
持つ人がいるということを知ること、またそうした人たちと協働することで、
自分の考えがより深まったり、より良い成果物を作ったりできることを体験
的に学ぶことが重要だろう。

（4）小学生の発達段階に応じたイニシアティブと周囲のサポート

　サス学アカデミーは民間企業が提供するノンフォーマル教育の短期学習プ
ログラムであり、使える時間や場所も限られていることから、何を学習する
のか、アクティビティごとにどんな成果物を、いつまでに作るのかは決めら
れており、そこに学習者がイニシアティブを発揮する余地はない。しかし目
的とする成果物を作るためにグループでどんな議論をし、どんな作戦を立て
るのかは、学習者らに任されている。つまり、プログラムで学ぶ内容と目標
は決められているものの、そこに到達するまでのアプローチは、比較的自由
に学習者が決めることができるような設計になっている。実際、自分たちの
グループだけで成果物を完成させるのではなく、他のグループと交渉し、連
携することによって、より良いものを作ろうとするグループが出てきたこと
もある。また、学習プログラムの中だけでなく、休み時間の過ごし方や、お
やつを持ってきて食べることへのルール作りなど、どうすればみんなが5日
間快適に過ごせるかについても、できるだけ参加者が考え、決めるように促
している。ただし、話し合いが大きく脱線してしまったり、許容できない結
論にたどり着きそうになったりした場合は、各グループに1人配置されてい
るファシリテーターや、三井物産社員がサポートに入るようにしていた。

　三井物産サス学アカデミーは、コンフリクトやジレンマを扱っているわけ
ではなく、またアクションの実践が含まれているわけでもない。これは対象

者がまだ小学生であることや、民間企業が提供する短期の学習プログラムであることの制約が大きい。しかしながら、社会課題に強い興味関心を持つきっかけとして機能していることや、トランジション・アクションの促進に欠かせない対人関係コンピテンスの初期段階を習得する機会になっていることは、大いに評価できるだろう。青年期でトランジション・アクションを実践できるようになるためには、児童期の段階でこうした学習経験を積み重ねておくことが重要である。

4.2　未来ワークショップ

（1）概要

　未来ワークショップは、国立研究開発法人科学技術振興機構　社会技術研究開発センター（RISTEX）のプロジェクト「多世代参加型ストックマネジメント手法の普及を通じた地方自治体の持続可能性の確保（OPoSSuM: Open Project on Stock Sustainability Management）」の一環として、千葉大学、芝浦工業大学、国立環境研究所が千葉県内の開催市と協働で実施した中高生向けのワークショップである（現在は、NPO法人地域持続研究所が未来ワークショップの企画・運営を担っている）。2015年は市原市、2016年は八千代市、2017年は館山市で開催された。

　筆者が評価に携わった八千代市と館山市のワークショップについてより詳しく紹介すると、八千代市での未来ワークショップは、2016年11月23日に八千代市内で開催され、地元の中高生20名（男性6名（うち中学生2名、高校生4名）、女性14名（うち中学生9名、高校生5名））が参加した。館山市での未来ワークショップは2017年8月7日に館山市内で開催され、地元の中高生44名（男性24名（うち中学生17名、高校生7名）、女性20名（うち中学生13名、高校生7名））が参加した。いずれのワークショップでも、市及び県の教育委員会経由で市内各校に開催案内を配布して参加を公募した。両市でのプログラム全体の流れを**図6-5**に示す。

　午前は、同市が現在抱えている課題について学ぶとともに、市の2040年の

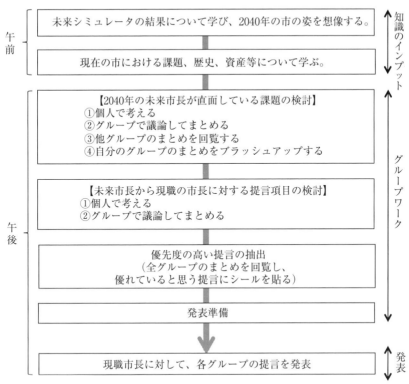

図6-5　未来ワークショップのプログラム全体の流れ

写真6-3　グループで話し合う様子（筆者撮影）

写真6-4　2040年の課題をグループでまとめた成果物（筆者撮影）

状況を予測した「未来シミュレータ」の結果をから、市の将来像をイメージする。午後は、午前中に得た知識を活用しながら、同市における2040年の課題と、それらの課題に対して現在実施しておくべき対策をグループで議論しながら考える。そして最後に、各グループでの話し合いの結果をまとめ、現市長に対して政策提言を行うという内容である。

(2) バックキャスティング思考を用いた政策提言

　未来ワークショップは、未来シミュレータで予測された対象地域の具体的なデータに基づいてその地域の2040年の姿を考え、今どのような対策を講じておくべきかを考えるという、バックキャスティング思考を学ぶ内容が含まれていることが大きな特徴である。こうした特徴は、第3章で紹介した予測コンピテンスのうち、「問題が将来どのように進展しうるか、措置を講じることで、あるいは講じないことでどのような影響があるかを考える」「将来起こり得るリスクや世代間衡平を考慮して、予防的に対応策を考える」という2つに関わるものである。いずれも、将来世代にわたる長期的な影響を考慮しなければならない環境問題に対処するためには、必須の能力である。予測コンピテンスを習得するのはやや難易度が高いことから、小学生レベルではなく、中学生以降の発達段階で取り入れることが望ましいだろう。しかしながら、中学生以降の発達段階で予測コンピテンスの習得が期待できるような学習プログラムは、現時点で十分な実装が進んでいるとは言い難い。未来ワークショップは、そうした既存のコンテンツでは学習機会が少ない能力の習得に寄与するという点で、優れた取り組みである。

　このプログラムのもう一つの大きな特徴は、将来その地域で発生する可能性のある課題の解決に向けて、様々なステークホルダーや地域リソースを活用した社会変容の戦略を考え、未来市長として未然防止の観点から現市長に提言するというアウトプットの出し方である。提言を検討する際、参加者には、2040年の市における各産業分野の人やモノの過不足を勘案し、複数の分野を連携させて、できるだけ実現可能性の高い対策を考えるよう、指示が出

される。つまり、トランジション・アクションを促すうえで重要な能力である戦略的コンピテンスの要素を強く含んでいるのである。

　ただし、この戦略的コンピテンスは予測コンピテンス以上に習得が難しく、主な参加者である中高生はおろか、補佐的に議論に加わっていた大学生も苦戦していたのが実態である。プログラム後に参加者に回答してもらったアンケート結果では、この1回の学習機会で「戦略的コンピテンスが向上した」と感じた参加者は半数以下であった。これは、課題への対策を考える時間が十分でなかったことや、学生だけのグループでは対策の具体的な実行方法にまで議論が深まらなかったこと等により、政策のアイデアを出すだけでグループワークが終わってしまったことが原因かもしれない。もし課題解決に向けた対策を検討することにより多くの時間を確保する、あるいは地域で活躍する大人が学生らの議論をサポートするといった工夫を行えば、出された政策アイデアの具体的な実現方法を検討することができ、より戦略的コンピテンスの習得に寄与できた可能性はある。

(3) 多世代との協働体験

　未来ワークショップでは、初対面の参加者が6〜7人のグループになり、将来の課題やその対策について議論しながら成果をまとめる。ひとつのグループには中学生と高校生が混在しており、基本的に彼らが主体となって話し合いを進めるが、ときにはそこに大学生が加わったり、情報提供にきてくれた大人が意見を出したりすることもある。したがって、先に紹介したサス学アカデミーよりも、さらに多世代での協働を体験できる機会だといえる。実際に社会課題に取り組んだり、トランジション・アクションを実践したりするためには、地域に関わる多様な世代との協働が求められる。身近な人との関係性を重視する小学生の発達段階が終わり、より社会と個人との関係性を学び始める中学生以降の発達段階に進んだ際には、こうした多世代での協働経験を積み重ねることが極めて重要である。しかし学校をはじめとするフォーマル教育の場だけでは、なかなかこうした学習機会は得られるものではな

いだろう。未来ワークショップのように、若い世代と大人の世代が対等に、かつ真剣に地域の問題について話し合い、学び合う機会は、地域でのノンフォーマル教育にこそ期待される役割である。

(4) 他者と協働したアクションへの認知の向上

　未来ワークショップの最後には、各グループが現職の市長に政策を提案する。したがって、参加者はこのワークショップをとおして、行政に対する集団での意見表明を体験することになる。参加者らの政策提言をどの程度真剣に受け止めるかは、提案された行政側の力量にもよるが、例えば市原市では、ワークショップで提案された「放置された竹林と廃校を活かして流しそうめんの集いを開催し、地域コミュニティの活性化を図る。」という案が、多くの市民の協力を得て翌年に実現している。

　こうした経験は、他者と協働し社会に働きかけるアクションに対する有効感や責任感を高めることに大いに役立つだろう。実際に、館山市未来ワークショップの参加者にアンケート調査を実施したところ、集団での環境行動に対する対処有効性認知、重要性認知、責任帰属認知のいずれについても、半

写真6-5　流しそうめん台を
　　　作る参加者（筆者撮影）

写真6-6　流しそうめんで盛り上がるイベントの様
　　　子（筆者撮影）

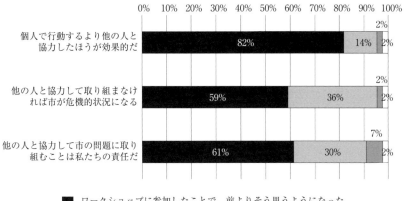

図6-7　館山市未来ワークショップ参加による集団行動に関する認識の変化

数以上が参加前よりも高まったと回答していた。特に「個人で行動するより他の人と協力したほうが効果的だ」という対処有効性認知は、8割以上の参加者がプログラム前より高まったと回答している（図6-7）。

　学習したことをもとに行政や首長に政策提言をする、あるいは請願書をだすというプログラムは、この他にもいくつかの実践例がある。提案するだけで、本当に学習として意味があるのかという声も聞かれるが、少なくともそうした市民としてのアクションがあるということを認識し、実践したことがあるという人材を増やしていくことには、「サステナビリティ・トランジションが成功しやすい社会を創る」という観点から大きな意味があるだろう。また市原市の事例のように、提案を受けた側がそれを真剣に受け止め、その一部でも実現することができれば、他者と協働して社会に働きかけるアクションに対する参加者の対処有効性認知や責任帰属認知は、大きく高まることが期待できる。

4.3　アクション・コンピテンス・プログラム

（1）アクション・コンピテンス・アプローチの理論

　アクション・コンピテンス・アプローチとは、1980年代から90年代にかけて、デンマークを中心とする北欧諸国の学校で実践された健康教育や環境教育の手法である。1977年のトビリシ宣言以降、北欧諸国でも環境教育に関する様々な研究や実践が行われたが、その多くは自然環境に親しむことや、環境問題の知識を身に着けることを重視し、学習者の日常的な行動をより良いものに「修正すること（Behavior Modification）」を目指すものだった。しかし80年代初頭、デンマーク・オーフス大学のシュナック（Karsten Schnack）らを中心とする研究者チームが、総合的な問題解決能力の育成を重視する新たな環境教育のあり方、すなわち「アクション・コンピテンス・アプローチ」を提案した。このアプローチは、地域で実際に起きている問題を学習者が自ら考えた方法で調査し、問題解決に向けた様々な取り組みを試みることによって、市民としてのアクションの実践に必要なスキルと態度を身に着けることを目指したものである。この理論は北欧諸国の多くの教育関係者に歓迎され、1991年から1994年にかけてデンマーク国内の学校で導入に向けたパイロット事業が行われた後、1994年から1996年にかけて、北欧各国（フィンランド、スウェーデン、ノルウェー、アイスランド、デンマーク）の学校で大規模な実証プロジェクト（MUVINプロジェクト）が行われた。このプロジェクトには約300人の教師が参加し、約3000人の生徒を対象に教育実践が行われた（The Nordic Council, 1996）。

　こうした90年代からの理論構築と実践の積み重ねにより、アクション・コンピテンス・アプローチは現在の北欧におけるESDの中心的な概念となっている。具体的には、ESDをとおして習得を目指す能力として、態度、知識、スキルと並んで、アクション・コンピテンスが位置づけられており、「問題に対してとることができる行動についての知識」「その行動を実行しようという意思」「行動することが重要だという認識」の３つを育むことが重視さ

れている。アクション・コンピテンス・アプローチは、現在ニュージーランドでも取り入れられており、同国のESD政策の中心に位置づけられている。

　筆者は2019年に、アクション・コンピテンス・プログラムの研究や実践で中心的な役割を担ったオーフス大学Danish School of Educationを訪問し、研究者らと合同セミナーを開催した。あいにくシュナック氏は入院療養中で会うことはできなかったが、彼とともに同理論の確立に貢献したブライティング氏（Søren Breiting）をはじめ、多くの教育研究者らと議論することができた。ここからは、これまでに出版された論文や書籍（Breiting et al., 1999; Mogensen and Schnack, 2010; Sass et al., 2020)、および2019年に開催された合同セミナーでの議論から、アクション・コンピテンス・アプローチの特徴を述べていきたい。

1）学習者の強いイニシアティブ

　合同セミナーに参加したブライティング氏によると、アクション・コンピテンス・アプローチによって育成したい究極の能力は、「自分自身のアイデアに基づく問題解決の行動」を実践できるようになることだと言う。ただし、その行動のアイデアは、短期的で自己中心的なものではなく、長期的で幅広い視野に基づいたものでなくてはならない。したがって、アクション・コンピテンス・プログラムでは教師が問題を解決するための方法を教えたり、生徒に何をすべきかを指示したりすることは一切無く、生徒が自らの考えた方法で問題を調査し、解決に向けたアイデアを練り、実践することが求められる。教師の役割は、生徒らが決めた問題解決のための行動を支援すること、および彼らの学習が決められた時間内に収まるよう、学習プロセス全体をオーガナイズすることなのである。学習者の発達段階によって教師によるサポートの度合いは異なってくるが、たとえ相手が小学生であっても、どんな問題に取り組むのか、どんな方法で問題を解決するのかという意思決定には、必ず学習者が参加することとされている。

　アクション・コンピテンス・アプローチがここまで学習者に主導権を持た

せることに拘るのは、環境問題や社会課題に対する学習者のオーナーシップを育むことを重視しているからだという。こうした問題へのオーナーシップは、問題解決に向けたその他の社会活動への参加を後押しするものであり、学習者が自分の存在や能力に高い効力感を持つために欠かせないとされている（Alan Reid et al., 2008）。確かに、学習者が教師から「どんな問題に取り組むのか」「どうやって取り組むのか」を指示される学習では、問題に関する知識は得られるかもしれないが、どうしても「やらされている感」が強くなり、問題や実践するアクションに対して、自分が関わるものだというオーナーシップを育むことは難しくなるだろう。必ずしもベストな方法でなくても、問題解決に向けた方法を学習者自らが考え、実践してみるということが重要なのである。

2）コンフリクトを含む地域課題の解決

アクション・コンピテンス・アプローチを語るとき、常に強調されるのは、すでに数多くの学校で実践されている調べ学習や、理科の調査活動、学年や学校をあげて一時的に行われるキャンペーン型の活動との違いである。こうした「アクティビティ」とここで目指す「アクション」との違いを**図6-8**に示す。

アクション・コンピテンス・アプローチで目指すのは、授業や学校生活の一環としての「アクティビティ」ではなく、地域社会で実際に起きている問題を解決に役立つ「アクション」の実践なのである。こうしたプログラムの問題解決重視、アクションの実践重視の姿勢は、自然環境への感性

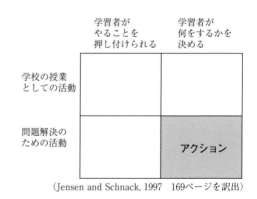

（Jensen and Schnack, 1997　169ページを訳出）

図6-8　アクション・コンピテンス・アプローチで目指すアクションの定義

の醸成や環境問題の知識獲得に重きを置いてきた、従来型の環境教育に対する深い反省がある。環境に対する感性や知識は非常に重要である一方、それだけでは環境問題の背景にある社会の仕組みの問題、経済や文化の影響などを総合的に理解することはできないからである。そこで、北欧各国で行われたアクション・コンピテンス・プログラムの実証プロジェクト（MUVINプロジェクト）では、参加校はどんな環境問題に取り組んでもよいが、「環境資源を活用することで生じる地域のコンフリクト」が必ず含まれていることが条件となった。参加校は地元地域で揉めているリアルな環境問題を見つけ、生徒らが自ら考えた方法で調査し、問題解決に向けたアクションを実践することになったのである。こうした条件を課すことによって、環境問題が及ぼす科学的な影響を学ぶだけでなく、問題解決に必要な社会、経済、倫理に関わる知識を身に着けるとともに、ステークホルダーと協働する効果的なアクションへの有効感と責任感を育むことを目指した。

　では具体的に、どんな学習プログラムが実践されたのだろうか？次節では、北欧理事会がまとめたMUVINプロジェクトのレポート（The Nordic Council, 1996）から、2つの取り組みを紹介する。

（2）デンマークでの取り組み

　イェーガースプリス（Jægerspris）という街の学校の第7学年（14歳）で実践されたMUVINプロジェクトは、地元のロスキレ湾で起きている環境問題をテーマとしたものだ。プログラムの冒頭、教師からは「ロスキレ湾に関わるコンフリクトをテーマとした環境プロジェクトをやりましょう」という投げかけのみが行われ、生徒らがロスキレ湾のどんな問題に取り組むのかを考えるところから学習をスタートした。話し合いの結果、クラスは3つのグループに分かれてプロジェクトを進めることになった。

　第1グループは、湾に立地する貝の加工工場に着目した。この工場では、湾の海底から牡蠣を採取し、その貝殻から鶏用飼料を生産していた。地元経済に大きく貢献していたものの、牡蠣を海底の泥と一緒に採取するため、そ

こに住む多くの生き物に悪影響を与えており、地元の漁師との衝突が起きていたのだ。まず、生徒らは工場を訪問して、彼らが事前に考えた項目に沿ってインタビュー調査を実施し、工場の内部と周辺を見学した。その結果を基に工場の模型を作成し、工場がどのような仕組みで操業しているのか、どのような悪影響があり得るのかをまとめた。さらに、工場の操業に伴う騒音や粉じんの被害について、環境保護庁に抗議の手紙を出した経験のある工場周辺の住民にも、インタビュー調査を実施した。この住民からは、抗議の手紙をどのように書き、提出したのかを解説してもらうとともに、抗議の結果、環境保護庁から届いた分厚いレポートを見せてもらうことができた。こうした住民と行政とのやりとりを知ることによって、実社会で民主主義がどのように機能しているのかを学ぶことができたという。

　第2グループは、湾で働く漁業関係者に着目した。パートタイムやフルタイムなど、立場や働き方が異なる漁師数名にインタビュー調査を実施し、貝の加工工場による影響の受け方を調べた。その結果、同じ漁師でも特に大きな影響を受けていないという人もいれば、大きな影響を受けて不満を抱えている人もいることが分かったという。また、悪影響を受けているという漁師に、どのようなメカニズムで悪影響が発生しているのかを尋ね、牡蠣採取による悪影響を緩和する方法を検討した。

　第3グループでは、港の利用者に着目した。この港では、海底の分厚い泥が原因で、船やボートの停泊に様々な問題が起きていた。そのため港の利用者は浚渫工事を希望していたものの、工事による自然環境への悪影響を指摘する環境団体からの抗議を受けていた。生徒らは、抗議している地元のグリーン・ピースに問い合わせて彼らの見解を聞くとともに、湾の状況を調べ、模型を作って問題の仕組みを理解しようとした。デンマーク自然保護協会にも問い合わせたが、こちらからは何の返事も貰えなかったという。

　この学習プログラムが実施されたのは1994年であり、もはや古い事例のひとつと言えるが、MUVINプロジェクトのレポートを読むと、生徒らがこのプロジェクトをいかに楽しみ、積極的に参加していたのかがよく分かる。ま

174

た調査相手との交渉がうまくいかず、疲れてしまうこともあったようで、そうしたときに教師が適切にサポートしてくれたことへの感謝も記されていた。この学習プログラムによって、最終的にロスキレ湾の問題が解決したわけではないが、地元の工場、漁業関係者、港湾関係者の間で起きている衝突に着目し、彼らなりの方法で問題の構造を理解しようとしたことは、まさにアクション・コンピテンス・アプローチの理念に沿うものだと言える。

(3) アイスランドでの取り組み

　もうひとつ紹介したいのは、アイスランドの農業学校で実施された牧草地をめぐるMUVINプロジェクトである。アイスランド西部にあるクヴァンネイリ農業学校（Hvanneyri Agricultural College）の周辺は大規模な農業地域であり、約200人の住民のほとんどが馬を保有している。かねてから住民の間で揉めていたのは、この馬たちにいつ、どこの牧草を与えるかという問題である。1か所に集中しすぎるとその土地の自然環境に悪影響が出てしまうし、誰かが過度に牧草地を使いすぎると公平性が保たれなくなってしまう。そこでMUVINプロジェクトに参加した農業学校の生徒30名は、まず周辺地域の植生を調査し、植生地図を作成することにした。次に馬を飼っている各家庭にインタビュー調査を実施し、どの程度の牧草が必要なのかを調べ、適正だと思われる牧草地の利用案を複数作成した。この案をもとに、行政や地域関係者との交渉にあたるとともに、住民投票を実施して、最終的にみんなが合意できる案を決定することができた。長年の問題を解決したこのプロジェクトは、地元で大変な注目を集め、自治体や住民から感謝の意が示されたそうだ。

　ただし、プロジェクトのレポートを読むと、終始順調なわけではなかったことが分かる。地元の調査をしようとしても、どこにも有益なデータがなかった、話し合いにどうしても参加してくれない住民がいた等、苦労話も述べられている。中には、牧草地に税金が課されるのではないか、配給制にされてしまうのではないかと恐れる住民もおり、なかなか話し合いが進まなかっ

た場面もあったようである。

　先に紹介したデンマークの事例は学習者が14歳だったため、コンフリクトの構造を理解するところまでの学習であったが、このアイスランドの事例は大学生が対象であったため、コンフリクトを乗り越えるための解決案を提示し、異なる立場や意見を持つ人と交渉し、最終的にどのような問題解決を図るかまでが含まれていた。彼らがやったことは、まさに環境問題の最前線で行われていることとまったく同じであり、アクション・コンピテンス・アプローチのお手本のような事例だと言える。

4.4　アース・フォース・プログラム

(1) アース・フォース・プログラムの特徴

　最後に、アメリカ合衆国で実践されているアース・フォース・プログラムを紹介する。このプログラムは非営利団体アース・フォース（Earth Force）が学校に提供しているもので、正式名称は「コミュニティ・アクションと問題解決プロセス（Community Action and Problem Solving Process）」という。日本語にするとやや長く、分かりにくいため、本書では「アース・フォース・プログラム」として紹介する。

　アース・フォースが発足したのは1996年。彼らが活動を始めるきっかけとなったのは、1989年にメイン州の小さな町、フリーポートで12歳の少女達が起こした発泡スチロールの使用禁止を求める活動である。地元のファスト・フード店から排出される発泡スチロール製の使い捨て容器が、地元の美しい川を汚していることに気づき、ファスト・フード店に環境に配慮した容器への切り替えを求めたのである。この闘争は全米で注目を集め、結果としてフリーポートでは食品容器への発泡スチロールの使用を禁止する条例が可決されることとなった。今でこそ海洋プラスチックの問題が世界的に注目され、プラスチック削減に向けた様々な取り組みが進められているが、80年代の終わりにアメリカの小さな町で、しかも12歳の子供たちによってこのような先進的な取り組みが進められていたことには、驚くしかない。アース・フォー

スの活動は、より多くの若者がこうしたアクションを実践できるようになるための学習プログラムを普及させたい、との思いから始まっている。

　筆者は、アース・フォースが北米環境教育学会のカンファレンスで教師向けに実施する半日がかりのワークショップに2回参加したほか、アース・フォースのCEOであるメルドラム氏（Vince Meldrum）とチーフ・プログラム・オフィサーのエディンガー氏（Grace Edinger）を招いたオンラインセミナーを開催し、意見交換する機会を得た。これらの経験をもとに、アース・フォース・プログラムの特徴をまとめる。

1）戦略的なアクションを学ぶプロセスやツールの提供

　先に紹介したアクション・コンピテンス・プログラムと同様に、アース・フォース・プログラムでも地元で起きている問題の解決に取り組むこと、学習者がイニシアティブを持つことに重点が置かれている。しかし、学習のプロセスや問題へのアプローチ方法まで学習者に決めさせるアクション・コンピテンス・アプローチとは異なり、アース・フォース・プログラムではアクションに向けたプロセスを6つのステップに分けており、初めて取り組む学校でも段階的、かつ計画的に取り組めるように設計されている。彼らが発行している教師向けのガイドライン（Earth Force, 2017）では、どんなふうに取り組む問題を見つけるのか、どうやって調査をするのか、どうすればアクションがより戦略的なものになるのか等、学習プログラムの進め方が詳しく説明されている。筆者も参加した教師向けのワークショップに参加すれば、さらに6ステップを深く理解することができ、たいていの学校で実践できるようになるだろう。

　ワークショップでは、戦略的なアクションをどうやって学生らに考えてもらうのかというノウハウも提供される。筆者が参加したワークショップでは、「学校での紙の使用量を減らすにはどうすればよいか」というお題が与えられたが、そこではまず、学校での紙の使用に関わるステークホルダー（例：校長、教育委員会、同僚の教師など）を書き出し、問題に対する影響力の強

さと、働きかけのしやすさを2軸とした図にマッピングすることで、「誰を
ターゲットとしたアクションを実践するのか」を考える手法を教えてもらっ
た。さらに、アクションの対象として絞り込んだターゲットに、どのような
アプローチが効果的なのかを考えるために、ターゲットが普段言っているこ
と、目にしていること、考えていること等を書き出して、まとめる手法も学
ぶことができた。

　学習の最後に何らかのアクションを実践するプログラムは数多くあるが、
たいていはアクションの戦略を練るところにあまり時間をかけられず、お手
軽にできるアクションや、単なる思い付きによるアクションで終わってしま
う事例が散見される。しかし、アース・フォース・プログラムの手法を活用
すれば、誰に、どんなアプローチでアクションを仕掛ければ問題が解決する
可能性が高いのかを学ぶことができるのだ。

　2）若者と大人のパートナーシップ
　アクション・コンピテンス・アプローチと同じく、アース・フォース・プ
ログラムでも学習者が学習のテーマ設定、ゴール設定、ゴールに向けたアプ
ローチ選択に対する意思決定権を持っており、学習者の強いイニシアティブ
が発揮される。しかし実際に若い生徒らがアクションを起こし、社会変容を
促そうとすると、彼らだけでは乗り越えられない壁がいくつも現れるだろう。
このプログラムでもうひとつ強調されているのは、こうした局面では大人が
対等なパートナーとして若者をサポートすることである。教える側、教えら
れる側という上下関係を前提とした関係ではなく、あくまでも若者と大人が
対等なパートナーとして関わることが重視されている。なお、ここでいう大
人には教師だけでなく、地域のステークホルダーや専門家も含まれている。

　3）教師への充実したサポート体制
　アース・フォース・プログラムの実践数が確実増えてきているのは、こう
したプログラムに取り組んでみたいと思う教師への手厚いサポート体制によ

るところが大きい。筆者が参加したワークショップは半日かけて行うもので
あったが、これはお試しバージョンに過ぎず、実際には数日間かけて参加す
る教師向けのプログラムが用意されている。最も規模が大きいサマーワーク
ショップには、毎年約700人の教師が参加するというから、その規模は日本
のNGO等が行っているものとは比べ物にならない。こうした教師向けのト
レーニングは参加型のワークショップだけでなく、オンラインでも様々なツ
ールが提供されているほか、実際に学んだことを学校で実践する際には、地
元のステークホルダーや資金の見つけ方へのアドバイス、専門家の紹介など、
様々な支援を受けることができる。どこの国でも、先進的な学習プログラム
は打ち上げ花火に似たものがあり、実践されている間は盛り上がるものの、
主導的な役割を担う教師がいなくなると、学習プログラムも消えてしまうケ
ースが多い。アース・フォースのように、組織的にプログラムをバックアッ
プする仕組みができあがっているのは数少ない優良事例だろう。

（2）アース・フォース・プログラムで実践する6つのステップ

　先に述べたとおり、アース・フォース・プログラムでは学習のプロセスを
6つのステップに分けて進めることが推奨されている。どんなステップなの
か、ここで簡単に紹介したい。

ステップ1：問題の発見

　生徒が地域の環境について調査し、良いところや問題を発見する。同時に、
コミュニティで公的なアクションを実践することの重要性や市民としての役
割も学習する。

ステップ2：取り組む問題の決定

　ステップ1で集められた地域環境の問題の中から、より深く取り組む問題
を決定する。生徒が興味を持つことができ、学術的な目標にも沿う問題を選
べるよう、いくつかの選出指標を定め、それらに合致するものを民主的な方

法で決める。

ステップ3：政策と地域実践の発見

　ステップ2で取り組むことを決めた問題について、地域での取り組みや政策を調査する。このステップをとおして、生徒はインタビューやアンケートといた調査の方法を学び、情報分析のスキルを身に着ける。また、専門家や行政担当者にコンタクトをとり、問題に対する多様な視点を探索する。

ステップ4：ゴールと戦略の決定

　ステップ3での調査結果をもとに、実践するアクション・プランと、どんな変化を目指すのかというゴールを決める。ステップ2と同様に、アクション・プランを選出するための指標をいくつか定め、話し合いながら民主的な手法で意思決定を行う。

ステップ5：行動

　計画に基づき、ステークホルダーと協働しながらアクションを実践する。

ステップ6：省察と共有

　実践したアクションの経験を振り返り、うまくいったこと、いかなかったことを分析し、次のステップに向けた改善点を考える。活動の成果を取りまとめ、地域のステークホルダーに共有する。

　上記の6ステップを、通常は1年ほどかけて学校のカリキュラムの中で実施する。ひとつひとつのステップを省略することなく、丁寧に行うことが重要とされており、特にステップ3の調査では専門家からの意見を聞いたり、関係者にインタビューを実施したりするなど、相応の時間と労力が求められる。またプロセスの中でいくつか出てくる意思決定の場面では、むやみに話し合うのではなく、何を重視して決定するのかという指標を作ることから始

め、みんなが納得できる選出指標を決めてから、それらに合致するものを話し合って選ぶという、非常に実践的で効果的な手法が取り入れられている。

(3) アース・フォース・プログラムの事例

　アース・フォース・プログラムを活用した中学校と高等学校の３つの事例を簡単に紹介する。

1）ミシガン州デトロイトの事例

　デトロイトにあるコーディ高等学校の向かいには、長年放置されて荒れ果てた建物群があり、地域の治安や美化に悪影響を及ぼしていた。そこで高校生らが、アース・フォースや地元のNPOユース・エネジー・スクワッド（Youth Energy Squad）等と協働してこの土地を買収し、地域の公園に変える計画を立てた。このプロジェクトは７年にわたって続けられ、市長や行政機関と何度も交渉した末に、ようやく８年目に土地を買い取ることに成功した。現在は、住民らを巻き込んで公園の設計や整備が進められているところである。

2）コロラド州シェリダンの事例

　シェリダンのとある高等学校では、雨が降るたびに競技用トラックに水があふれて使えなくなってしまうという問題を抱えていた。アース・フォース・プログラムに参加した生徒らは、水があふれる原因を自分達で調査し、トラックの下に泥板岩の不透水層があること、雨水を集める排水溝システムがうまく機能していないこと、近くの季節河川から数年に１度水があふれだしてくることが原因であることを突き止めた。この調査結果をもとに、地域の教育委員に改善を

写真6-7　浸水被害の多いトラックを調査する高校生たち（Earth Force提供）

要求したものの、予算不足を理由に交渉は進まなかった。そこで、この地域の水資源保護や水害対策を所掌しているマイル・ハイ洪水対策委員会（Mile High Flood District）と直接交渉し、改修に必要な予算を得ることができた。現在この予算を活用して、生徒らが大規模な排水システムを整備しているところである。

　　3）ヴァージニア州アレクサンドリアの事例
　ヴァージニア州のジョージ・ワシントン中学校の生徒は、ある日教室の壁からキノコが生えていることに気づいた。よく見ると、他の教室でもカビが生えている箇所があり、改善が必要だった。そこでアース・フォース・プログラムに参加した学生らが、学校でのカビやキノコの発生状況、健康被害の有無、学校設備を改修するための現行のルールなどを調査した。調査の結果、カビの発生による室内環境の悪化が生徒や教師の健康に悪影響を及ぼしている可能性が高いことが分かったため、地元教育委員会と交渉し、学校施

写真6-8　ジョージ・ワシントン中学校の生徒らが最初に発見した教室のキノコ（Earth Force提供）

設の改善を求めた。しかし交渉が決裂してしまったことから、生徒らはヴァージニア州知事に直接連絡し、教室の室内環境の改善を訴えた。その結果、各地域の教育委員会は学校のカビ対策に取り組まなければならないという州法が2020年に可決された。

第5節　おわりに

　本章では、トランジション・アクションに積極的な人をどのように創出するのかについて、社会と人、人と人との相互作用を基礎としながら、人づく

りの要件を論じた。また、筆者がこれまで関わってきた国内外の事例から、サステナビリティ・トランジションに資すると考えられる先進的な取り組みを紹介した。

　人づくり全般において留意が必要な点として、対象者の発達段階や学習レベルを十分に考慮すること、フォーマル・ノンフォーマル・インフォーマルという３つの教育の場をうまく活用し、連携させること、多様なアクションや役割を前提とすることの３点を挙げた。いずれも教育研究分野では重要とされていることだが、本章でも改めてその重要性を強調したい。特に多様なアクションや役割を前提とした学びは、個人の事情や特性を考慮しつつも、問題解決に向けて最も戦略的なアクションとは何かを考え、その時々の自分の役割を見出すという、トランジションの促進に欠かせない要素を含んでおり、十分な配慮が必要な点である。

　トランジション・アクションに積極的な人づくりを目指す学習プログラムにおいて、特に重要な点としては、他者と協働し、社会に働きかけるアクションの実践を含むことを第一に挙げた。これは第５章で紹介したアンケート調査やインタビュー調査の結果から、市民的なアクションを「経験すること」が今後のアクションへの参画意向に大きく影響していたからである。ただし、ただ経験させればよいというわけではない。なぜなら、過去に市民的なアクションを経験した人でも、そのアクションの結果に満足していない人は、将来のアクションに対して非常に後ろ向きの姿勢を示してしまうからである。したがって、トランジション・アクションに積極的な人を作るためには、他者と協働して社会に働きかけるアクションをまずは経験してもらうとともに、その個人のアクションが社会にもたらしたインパクトや、アクションに関わった人同士の間で起きた好ましい影響をしっかりと味わうことが重要である。第二の重要な点は、学習プログラムにコンフリクトやジレンマの要素が含まれていることである。最初からゴールや答えが見つかっている予定調和的な学習ではなく、現実社会で実際に問題になっているテーマ、人によって意見や立場が異なるテーマ、何らかの対策を取ろうとすると誰かに不利益や負荷

が生じるテーマなどを扱い、そうした問題をどのように乗り越えていくのかを学習することが重要である。第三の重要な点は、学習プログラムにおいて学習者自身がイニシアティブを持つことである。これは、取り組む問題に対してだけでなく、プログラムの中で実践するアクションに対しても、学習者がオーナーシップを持ち、責任ある行動をとれるようになることが期待できるからである。

　第4節では、トランジション・アクションに積極的な人づくりに有効だと考えられる4つの事例を紹介した。国内の2事例はいずれもノンフォーマル教育の場を活用したものであり、短期プログラムながらも、トランジション・アクションの実践意向と強く関係する「社会課題への興味関心」や、「他者とうまく協働できるという有能感」を高めることに役立っていた。一方で国外の2事例は、どちらも学習者が強いイニシアティブを持ち、学習で取り組むテーマ、学習のゴール、ゴールに到達するためのアプローチ手法などを学習者主導で決定していることが特徴的であった。またそこで実践されているアクションは、関係者へのインタビュー調査、地域住民や行政機関との交渉など、問題解決を目指した本格的なものばかりであった。こうした国外の取り組みをそのまま日本のフォーマル教育に取り入れることは難しいかもしれないが、学習者の発達段階に応じて段階的にイニシアティブを持たせたり、学校周辺地域でのアクションに取り組んでみたりすることは、十分にできるのではないだろうか。

　本章で紹介した人づくりの要件や実践事例は、いずれも社会とのかかわりをとおして個人が成長していくこと、すなわち社会変容と個人変容の連環が重要であることを示している。社会と人とのかかわりを重視する学習の必要性は近年数多く指摘されており、文部科学省の平成29〜31年改訂学習指導要領においても、学んだことを人生や社会に活かそうとする「学びに向かう力」が育成すべき能力のひとつとして挙げられている。こうした新たな学びのスタイルを創っていくためには、学校だけで取り組むのではなく、家庭や地域といったノンフォーマル・インフォーマル教育の場と連携することが欠

かせない。また、トランジション・アクションは他者との協働アクションであるから、人と人との関係性を重視した学びも今後よりいっそう求められる。本章で紹介した事例では、学習者同士だけでなく、学習者と教師、学習者と地域関係者など、様々な人と人との相互作用の中で、他者とうまく協働するためのスキルや、自分とは意見が異なる人との向き合い方を身に着けていく姿が垣間見られた。学習者同士によるグループワークは、すでに多くの教育現場で取り入れられているが、今後は学習者が地域に出て、多様な世代、多様なステークホルダーと関わることによって、さらに高度な対人関係コンピテンスを習得できる学習機会を増やしていく必要があるだろう。

参考文献

Breiting, S., Hedegaard, K., Mogensen, F., Nielsen, K., Schnack K. (1999) Action competence, Conflicting interests and Environmental Education, Research Programme for Environmental and Health Education, Department of Curriculum Research, DPU (Danish School of Education) Aarhus University.

Chawla, L., and Cushing D. F. (2007) Education for strategic environmental behavior, Environmental Education Research, Vol.13, No.4, pp.437-452.

Coombs, P. H. and Manzzor, A. (1974) Attacking Rural Poverty－How nonformal education can help, World Bank International Council for Educational Development.

Earth Force (2017) Community action and problem solving process, Denver.

Erikson, E.H. (1980) Identity and the Life Cycle, W W Norton & Co., New York.

Havighurst, R.J. (1953) Human Development and Education, Longmans Green, New York.

Hungerford, H. R., and Volk, T. L. (1990) Changing learner behavior through environmental education, Journal of Environmental Education, Vol.21, No.3, pp.8-21.

Jensen, B.B. and Schnack, K. (1997) The action competence approach in environmental education, Environmental Education Research, Vol.3, No.2, pp.163-178.

Kolb, D.A. (2015) Experimental learning－experience as the source of learning and development－, Pearson Education, Inc. New Jersey.

Mogensen F., Schnack K. (2010) The action competence approach and the 'new' discourses of education for sustainable development, competence and quality criteria, Environmental Education Research, Vol.16, No.1, pp.59-74.

Reid, A. Jensen, B.B., Nikel J., Simovska V.（2008）Participation and learning－perspective on education and the environment, health and sustainability－, Springer.

Sass, W., Pauw, J.B., Olsson, D., Gericke, N., Maeyer, S.D., Petegem, P.V.（2020）Redefining action competence: The case of sustainable development, The journal of Environmental Education, Vol.51, No.4, pp.292-305.

The Nordic Council（1996）Conflicting interests in the use of natural resources －a Nordic school development project on environmental education－, Copenhagen.

鹿毛雅治（1995）内発的動機付けと学習意欲の発達、心理学評論、Vol.38, No.2, pp.146-170.

佐藤真久、高岡由紀子（2014）ライフスタイルの選択・転換に関する理論的考察―多様なライフスタイルのシナリオ選択を可能とする分析枠組の構築―、日本環境教育学会関東支部年報、No.8、pp.47-54.

白井俊（2020）OECD Education 2030プロジェクトが描く教育の未来－エージェンシー、資質・能力とカリキュラム－、ミネルヴァ書房、京都.

デューイ J.（市村尚久訳）（2019）経験と教育、講談社、東京.

藤原さと（2020）「探求」する学びをつくる-社会とつながるプロジェクト型学習-、平凡社、東京.

松原憲治、高坂将人（2017）資質・能力の育成を重視する教科横断的な学習としてのSTEM教育と問い、科学教育研究、Vol.41, No.2, pp.150-160.

宮崎文彦、森朋子（2017）未来予測に基づく中高生政策ワークショップの実施―やちよ未来ワークショップの開催報告を中心に―、千葉大学公共研究、Vol.13, No.1, pp.246-259.

森朋子、田崎智宏（2015）民間企業が実施する短期ESDプログラムの第三者評価、環境教育、Vol.25, No.3, pp.50-63.

おわりに

　気候変動、消費生産、都市開発など世の中のさまざまな環境問題に人間社会が対応するため、持続可能社会への抜本的な変革、すなわち「サステナビリティ・トランジション」の必要性が強く訴えられるようになってきた。人新世の環境問題はいわゆる「厄介な問題（wicked problem）」で、目前の問題を解決できたとしても、想定外の問題が新たに発生したり、他の地域や将来世代により深刻な問題を押しつけたりする。特に、化石燃料に依存してきた産業革命以降の社会は、エネルギーの利用効率や生活の利便性では格段に進化したものの、結局、温室効果ガスの大量排出という壮大な外部不経済に対し、200年以上、抜本的な対策が行われてこなかった。だからこそ、脱炭素という、化石燃料に依存する社会システムを抜本的に変革し、地球全体を見据えたサステナビリティを高める取り組みがやっといま、始まろうとしているのである。

　サステナビリティ・トランジションの具体的な方法論は、理論上、いろいろ考えられる。国際条約やインフラストラクチャーなどの社会構造（レジーム）を直接改変して、トップダウンで変革をもたらすのも一つの手段ではある。しかし、主権国家体制や自由主義が敷衍した現在において、世界規模での変革をトップダウンでもたらすことは、合意形成の障壁がきわめて高いことは、気候変動枠組条約締約国会議（COP）での交渉難航を見れば明らかである。

　そこで本書では、現場の事例からボトムアップで人々の賛同を得ることで社会構造の変革を促す「トランジション・マネジメント」に着目した。トランジション・マネジメントでは、変革の先陣を切って周囲の人々に持続可能なすがたを見せるフロントランナーが重要な役割を果たす。そしてこのフロントランナーは、法制度や経済システムといった抽象的な概念ではなく、生身の人間なのである。そしてフロントランナーに追随し、行動変容を起こす

のもまた、生身の人間である。だからこそ、「人づくり」が何よりも重要になる。

　なお、気候変動のように、地球上の人類全体で取り組まなければならないグローバルな課題だけが、サステナビリティ・トランジションを必要としているわけではない。より身近で、範囲の狭い、都市や地域に問題を限定した場合にも、サステナビリティ・トランジションが必要となる。たとえば循環型の経済や消費生産の実現を特定の地域で試みることも、サステナビリティ・トランジションと言える。第4章で紹介した徳島県上勝町や福島県南相馬市の事例も、とてもローカルな事例ではあるが、若者の転入促進や経済活動の多様性向上などを通じた地域のサステナビリティ向上を、フロントランナーたちが先導するトランジションであった。よって、サステナビリティ・トランジションといっても、地球規模で活躍する外交官や大企業の重役などだけでなく、読者のみなさん一人一人も、フロントランナーになれる可能性は十分あるのだ。

　本書では、地球全体や地域のサステナビリティ・トランジションを加速できる、フロントランナーや関連する役割を担いうる人物を育てるための「人づくり」に焦点を当ててきた。環境問題のフロントランナーとなるリーダーには、生来の「カリスマ的」なリーダーシップが存在するかのように思われている人もいるかもしれないし、実際、そのような、傲慢なふるまいを見せるリーダー格の人物も多いとは思う。しかし、第5章で紹介した研究結果に見られるように、実際には、これといった特徴のないふつうの人が、環境問題について理解し、先駆的な行動を見せることも多い。カリスマ的な人物の登場を期待したり、また周囲がそのような人を祭り上げたりするのではなく、むしろ、フロントランナーに必要とされるコンピテンスを幅広く育成していくことが、持続可能社会へのトランジションを加速するためには、より一層、必要なのではないか。

　第6章で整理されたように、サステナビリティ・トランジションには多様なコンピテンスが必要とされる。よって、誰か一人が「カリスマ的」なリー

ダーになろうとしても、ほんとうのトランジションに結びつかない可能性も高い。ワーク・ライフ・バランスの重要性が広まった現在（これも一種のトランジションである）、家族や友人などとの時間を犠牲にしてまでも、フロントランナーとしての役割を果たすことを特定の個人に期待する考え方そのものが、持続可能ではない。だからこそ、各人のコンピテンスを活かしつつ、不足するコンピテンスを相互に補完することで、フロントランナー「ズ」のチームとして、サステナビリティ・トランジションに貢献できる人材を意識した人づくりが期待される。

　さらに言えば、このような人づくりはフォーマルな学校教育だけでなく、ノンフォーマル、インフォーマルな場でも推進される必要がある。脱炭素をはじめ、サステナビリティ・トランジションが喫緊の課題になりつつある現在、そして少子高齢化が現実の問題になりつつある日本社会において、フロントランナーの役割を若者層だけに期待するのは、彼らにとっていささか荷が重すぎるだろう。むしろ、すべての年代に対し、さまざまな形で人づくりを行っていくことが望まれる。たとえば現在、政府はリカレント教育といって、社会人が大学院などで学びなおす機会を増やす取り組みをしている。このような取り組みにおいて、フロントランナーに求められるコンピテンスの養成が十分に行われれば、社会人や高齢者がトランジションのけん引役となる可能性も十二分にある。また、サステナビリティ・トランジションにつながる社会活動に、老若男女、誰もが容易に参加できる環境を整え、そして活動の成功体験の記憶を与えることも、フロントランナーの裾野を広げていくうえで、重要になるだろう。

　しかしまた、フロントランナーなどの個人による活動が社会システムの変革につながってはじめて、サステナビリティ・トランジションと言える。フロントランナーの活動を見聞きした一部の人々に影響を与え、行動変容を促すだけでなく、その活動が社会システムの抜本的変革を誘発することも、サステナビリティ・トランジションには必要で、それを意識した「人づくり」も必要になる。よって、「人づくり」が重要ではあるが、社会システムの変

革という本来の目的も見失わないように注意しておく必要がある。

　さて、本書では、サステナビリティ・トランジションに貢献しうる人づくりについて多角的に検討してきたが、脱炭素をはじめとするトランジションが実際に実現するかどうかは、人づくりの成果であるフロントランナーたちが先導し、持続可能社会への変革が加速するかどうかにかかっている。読者のみなさん自身もフロントランナーの一人になれるかもしれないし、また人づくりを通じて、フロントランナーを育成できるかもしれない。

　ボトムアップのトランジションは一朝一夕で実現するものではないが、はじめの一歩を踏み出さないことには始まらない。だからこそ、本書を読み終えたいま、ご自身がどのような形でサステナビリティ・トランジションに関わることができるのか、読者のみなさんにはぜひ、一度考えてみていただきたい。

編著者を代表して
松浦　正浩

編者紹介

編者・はじめに・第3章・第5章・第6章

森 朋子（もり ともこ）

国士舘大学 政経学部 政治行政学科 専任講師。博士（環境学）。東京大学大学院新領域創成科学研究科博士後期課程修了。㈱三菱総合研究所、国立研究開発法人国立環境研究所等を経て、現職。教育関係者や非営利団体と協働しながら、環境問題に対するシビック・アクションを促進する教育プログラムの開発に取り組んでいる。

編者・第2章・第4章・おわりに

松浦 正浩（まつうら まさひろ）

明治大学専門職大学院ガバナンス研究科（公共政策大学院）専任教授。マサチューセッツ工科大学 Ph.D. (Urban and Regional Planning) およびMaster of City Planning。都市、環境、科学技術等に関する交渉による合意形成と、持続可能な社会への転換を加速するトランジション・マネジメントについて、現場での実践を重視した研究を行っている。

編者・第1章・第5章

田崎 智宏（たさき ともひろ）

国立環境研究所　資源循環社会システム研究室長。博士（学術）。横浜国立大学大学院工学研究科博士課程後期修了。資源循環分野ならびに持続可能な消費と生産分野における政策研究を行う立場からトランジションの必要性を提起してきた。現在は、将来世代考慮・長期思考の観点を現世代の意思決定に反映させトランジションにつなげる研究に従事している。

執筆者紹介

第1章
江守 正多（えもり せいた）
国立環境研究所 地球システム領域 副領域長。連携推進部 社会対話・協働推進室長を兼務。東京大学大学院 総合文化研究科 客員教授。1997年に同研究科を修了。博士（学術）。気候変動の科学と社会の問題に幅広く取り組んでいる。気候変動に関する政府間パネル（IPCC）第5次・第6次評価報告書主執筆者。

第1章
松橋 啓介（まつはし けいすけ）
国立環境研究所 地域計画研究 室長。東京大学大学院工学系研究科修士課程修了。博士（工学）。筑波大学システム系教授（連携大学院）を兼務。持続可能な生活と地域に関する定量的な分析と参加型まちづくりに取り組んでいる。

第3章
佐藤 真久（さとう まさひさ）
東京都市大学大学院 環境情報学研究科 教授。英国サルフォード大学Ph.D. UNESCO主導の「国連・ESDの10年」（2005-2014）、グローバル・アクション・プログラム（GAP）、ESD for 2030に国内外で深く関わる。協働ガバナンス、社会的学習、中間支援機能などの地域マネジメント、組織論、学習・教育論の連関に関するアクションリサーチに従事。

SDGs時代のESDと社会的レジリエンス研究叢書 ④
サステナビリティ・トランジションと人づくり
人と社会の連環がもたらす持続可能な社会

2022年3月31日　第1版第1刷発行

編著者　森 朋子・松浦 正浩・田崎 智宏
発行者　鶴見 治彦
発行所　筑波書房
　　　　東京都新宿区神楽坂2-16-5
　　　　〒162－0825
　　　　電話03（3267）8599
　　　　郵便振替00150－3－39715
　　　　http：//www.tsukuba-shobo.co.jp
定価はカバーに示してあります

印刷／製本　平河工業社
©2022 Printed in Japan
ISBN978-4-8119-0621-8 C3037